MATRIMONIO, DIVORCIO Y NUEVO MATRIMONIO

MATRIMONIO, DIVORCIO Y NUEVO MATRIMONIO

Theodore H. Epp

EDITORIAL PORTAVOZ

Título del original: *Marriage, Divorce and Remarriage*, de Theodore Epp, © 1954, 1979 por Good News Broadcasting Association, Inc., Lincoln, Nebraska. Todos los derechos reservados.

Edición en castellano: *Matrimonio, divorcio y nuevo matrimonio*, © 1982 por Good News Broadcasting Association, Inc. y publicado 1989 con permiso por Editorial Portavoz, filial de Kregel Publications, Grand Rapids, Michigan 49501. Todos los derechos reservados.

Traducción: Miguel A. Mesías E.
Portada: Don Ellens

EDITORIAL PORTAVOZ
Kregel Publications
P. O. Box 2607
Grand Rapids, Michigan 49501 USA

ISBN 0-8254-1208-0

3 4 5 6 edición/año 93

Printed in the United States of America

Contenido

6 • Contenido

❶

Dios Establece el Hogar

La familia es la unidad completa más pequeña de la sociedad. Según marcha la familia, así anda la iglesia, el estado, la nación y aun el mundo. En razón de que la unidad llamada familia es tan estratégicamente importante, es imperativo que conozcamos lo que la Palabra de Dios dice con respecto a ella.

La familia, o el hogar, fue la primera institución que Dios proveyó para beneficio del hombre. Debido a que fue algo instituido directamente por Dios, hay una santidad especial en ella. Si reconocemos esto podremos entender con mayor facilidad lo que la Biblia, la Palabra de Dios, dice con respecto al hogar.

El matrimonio fue instituido por Dios mucho antes de la entrada del pecado en el mundo. En este libro sobre el matrimonio, el divorcio y el nuevo matrimonio intentamos primero tratar la santidad y la cualidad sacrosanta del matrimonio que Dios estableció.

"Y dijo Jehová Dios: No es bueno que el hombre esté solo; le haré ayuda idónea para él . . . Y puso Adán nombre a toda bestia y ave de los cielos y a todo ganado del campo; mas para Adán no se halló ayuda idónea para él. Entonces Jehová Dios hizo caer sueño profundo sobre Adán, y mientras éste dormía, tomó una de sus costillas, y cerró la carne en su lugar. Y de la costilla que Jehová Dios tomó del hombre, hizo una mujer, y la trajo al hombre. Dijo entonces Adán: Esto es ahora hueso de mis huesos y carne de mi carne; ésta será llamada Varona, porque del varón fue tomada. Por tanto dejará el hombre a su padre y a su madre, y se unirá a su mujer, y serán una sola carne'' (Gén. 2:18,20-24).

El matrimonio es una institución de Dios, y es importante que entendamos cómo Dios lo planeó y con qué propósito lo estableció. Entonces no habrá dificultad en entender las enseñanzas que encontramos en todas las Sagradas Escrituras sobre el tema. Dios es inmutable; jamás cambia; ni tampoco modifica sus principios y normas para acomodarlos a los deseos de la gente. Parecería que hubiera un cambio, pero es sólo algo que parece ser un cambio; aunque algunas personas lo utilizan como un subterfugio para sancionar el divorcio. Trataremos con este asunto con amplitud en uno de los capítulos posteriores.

La Primera Institución

Puesto que el matrimonio es algo establecido por Dios, y dado que fue instituido antes de que el pecado entrara en el mundo, quiere decir que está basado en los más santos preceptos de Dios. El divorcio, tan común en nuestros días, destruye lo que Dios ha instituido y ha declarado santo.

Cuando Dios creó a Adán y Eva, los creó varón y hembra, a su propia imagen (Gén 1:27). La relación entre el hombre y su esposa, en esta condición perfecta y sin pecado, era tan sagrada y santa como la relación entre las tres Personas de la Trinidad; esto es: Padre, Hijo y Espíritu Santo. Estos tres son uno. Así también en el matrimonio. Dios dice que el hombre y su mujer serán una sola carne (Gén 2:24).

Para que el matrimonio funcione propiamente, ambos participantes deben ser temerosos de Dios. Las normas del hogar deben estar basadas en relaciones reverentes, por medio de las cuales las personas involucradas desean permitir que el amor de Dios fluya a través de ellos, en la relación familiar. En algunos hogares, los individuos parecen ser personas maravillosas aunque no son creyentes. Tales personas pueden tener mucho cariño el uno para el otro. Sin embargo, el amor divino sólo ocurre en un nivel mucho más alto. Es la clase de amor que siempre está dando; es el carácter de Dios mismo. Cuando un hogar es establecido sobre los principios del temor de Dios, debido a que esposo y esposa se encuentran en la correcta relación con Jesucristo, tiene todo el potencial para una relación hermosa.

No obstante, la gente algunas veces altera o ignora los principios de Dios debido a la dureza de su corazón. Dios, en su misericordia, puede permitirlo por un tiempo. Pero los creyentes, nacidos de nuevo y habiendo recibido el Espíritu de Gracia, nunca deberían ser culpables de endurecer su corazón o de rechazar los principios de Dios para un hogar piadoso.

El hecho de que el hogar debe permanecer bajo los mismos principios sagrados de operación establecidos cuando fue instituido, queda indicado también por la comparación que se hace de la relación entre el hombre y su mujer con aquella entre Cristo y Su iglesia en Efesios 5. Allí se nos enseña que Cristo fue unido a la iglesia en una unión eterna. Esto debe reflejarse en la permanencia del matrimonio.

Una Relación Sagrada

El matrimonio es la relación más tierna y más sagrada de toda la vida. "Serán una sola carne," dijo Dios en Génesis 2:24. Esto indica que uno es complemento del otro y que el uno está incompleto sin el otro. Ese es el principio divino, el fundamento divino, para el hogar: "Serán una sola carne."

Dios ha declarado que el matrimonio es honroso: Hebreos 13:4 dice: "Honroso sea en todos el matrimonio, y el lecho sin mancilla; pero a los fornicarios y a los adúlteros los juzgará Dios." La Biblia nos dice que "el hombre dejará a su padre y a su madre, y se unirá a su mujer" (Gén. 2:24).

Dios estableció el hogar para el beneficio y bienestar del ser humano. "No es bueno que el hombre esté solo," dijo El, y así hizo una ayuda idónea para él (v. 18). En 1 Corintios 7:2 hay otra declaración que se refiere a la misma verdad: "Pero a causa de las fornicaciones, cada uno tenga su propia mujer, y cada una tenga su propio marido." Dios instituyó el matrimonio para reprimir la tentación de las pasiones indebidas y para sustentar el orden social; de manera que, por medio de familias bien ordenadas, la verdad y la santidad pudieran ser trasmitidas de generación en generación. La paz y el bienestar de una nación depende de la pureza de los hogares que la conforman.

Deuteronomio 6:6,7 es uno de los pasajes de las Escrituras que certifica la verdad asentada anteriormente, de que Dios propuso que las familias bien ordenadas transmitieran la verdad y la santidad de una generación a otra. El pasaje mencionado dice: "Y estas palabras que yo te mando hoy, estarán sobre tu corazón; y las repetirás a tus hijos, y hablarás de ellas estando en tu casa, y andando por el camino, y al acostarte, y cuando te levantes." Bien sea en las devociones familiares ("hablarás de ellas estando en tu casa"), o al testificar a otros ("andando por el camino"), o cuando la familia se retira a descansar ("al acostarte"), y al despertarse ("y cuando te levantes"), cada creyente debe preocuparse de comunicar la Palabra de Dios a los miembros de su familia, de manera que ellos puedan conocerla y entenderla.

El decreto de Dios con respecto al matrimonio, de que el hombre dejaría a su padre y a su madre y se uniría a su mujer, fue dictado mucho antes que todas las demás leyes de Dios. Como tal, dicho decreto constituye la base fundamental de toda la legislación humana y del gobierno civil; y eso certifica contundentemente la afirmación de que la paz y el bienestar de una nación depende de la pureza de los hogares que la conforman.

Símbolo de Cristo y la Iglesia

La unión matrimonial entre el hombre y su mujer es símbolo de la unión de Cristo y su Iglesia. En este caso, la palabra "Iglesia" no se refiere al edificio, sino a aquellas personas que han confiado en Cristo como su Salvador personal. Efesios 5 nos revela que la relación matrimonial entre el hombre y su mujer es una ilustración gráfica de la relación de Cristo con su Iglesia. Vamos a estudiar cuidadosamente esta porción clave de la Palabra de Dios, pero hay que tener en cuenta que la relación entre el marido y su mujer debe ser tan sagrada como la relación de Cristo y la Iglesia. No hay norma más alta que la de la relación entre Cristo y su Iglesia. Es desastroso, a pesar de eso, que las normas del mundo hayan caído tan bajo en nuestros días, por cuanto hay demasiado poco interés en hacer del matrimonio lo que Dios propuso que fuera.

Los versículos 22 y 23 de Efesios 5 son citados con frecuencia al referirse a la relación matrimonial; pero es de suma importancia que observemos lo que dice el versículo 21: "Someteos unos a otros en el temor de Dios." Esto enseña la actitud que debe tener el cristiano hacia los demás creyentes en general, y particularmente hacia su cónyuge. Un pasaje paralelo está en Filipenses 2:3, en donde leemos: "Nada hagáis por contienda o por vanagloria; antes bien con humildad, estimando cada uno a los demás como superiores a él mismo." Nótese que a ambas partes se les dice: "estimando cada uno a los demás." Esa debería ser la actitud de cada persona, bien sea que esté tratando de relacionarse correctamente con el hermano en Cristo o con su cónyuge.

Retornando al pasaje de Efesios 5 notamos que, a medida que Pablo desarrolla sus declaraciones con respecto al matrimonio, se refiere primeramente a la mujer y después al marido. Algunas veces las mujeres asumen una posición defensiva en cuanto a esto, y tal vez tengan razón de hacerlo, porque algunos maridos son culpables de ver solamente la responsabilidad de la esposa. No obstante, Pablo toca por igual la responsabilidad de cada uno; de modo que ninguno debe tener dominio sobre el otro.

Con respecto a las esposas Pablo dice: "Las casadas

estén sujetas a sus propios maridos, como al Señor; porque el marido es cabeza de la mujer, así como Cristo es cabeza de la iglesia, la cual es su cuerpo, y él es su Salvador. Así que, como la iglesia está sujeta a Cristo, así también las casadas lo estén a sus maridos en todo'' (vs. 22-24).

Con respecto a los maridos Pablo dice: ''Maridos, amad a vuestras mujeres, así como Cristo amó a la iglesia, y se entregó a sí mismo por ella, para santificarla, habiéndola purificado en el lavamiento del agua por la palabra, a fin de presentársela a sí mismo, una iglesia gloriosa, que no tuviese mancha ni arruga ni cosa semejante, sino que fuese santa y sin mancha'' (vs. 25-27).

Nótese el punto hasta el cual cada marido debe amar a su esposa: ''así como Cristo amó a la iglesia, y se entregó a sí mismo por ella'' (v. 25). Marido, ¿amas a tu mujer lo suficiente como para dar tu vida por ella? Es hasta ese punto que Pablo dice que debes amar a tu mujer. Esta es la clase de amor que solamente Dios puede dar; es el amor *agape*; siendo *agape* el vocablo griego que se utiliza en el Nuevo Testamento para referirse al amor de Dios, y que es la clase de amor más elevada que puede existir. Esta clase de amor siempre procura el mayor bienestar del otro, de aquel a quien se ama. Dios nos amó con esta clase de amor, y por eso envió a su Hijo para que muriera en nuestro lugar.

Pablo continúa diciendo: ''Así también los maridos deben amar a sus mujeres como a sus mismos cuerpos. El que ama a su mujer, a sí mismo se ama. Porque nadie aborreció jamás a su propia carne, sino que la sustenta y la cuida, como también Cristo a la iglesia'' (vs. 28-29).

Pablo está asentando un principio normal de la vida. Es normal que una persona se abstenga de hacer cualquier cosa que pudiera lastimarla en alguna manera. Nadie haría algo que pudiera lastimarlo a él mismo. Pablo dice que esta misma actitud debe tener el marido hacia su esposa.

Resulta interesante observar que Pablo relaciona la actitud del marido hacia su mujer con la actitud del hombre hacia su propio cuerpo. Génesis 2:21-23 dice: "Entonces Jehová Dios hizo caer sueño profundo sobre Adán, y mientras éste dormía, tomó una de sus costillas, y cerró la carne en su lugar. Y de la costilla que Jehová Dios tomó del hombre, hizo una mujer, y la trajo al hombre. Dijo entonces Adán: Esto es ahora hueso de mis huesos y carne de mi carne; ésta será llamada Varona, porque del varón fue tomada."

> No de la cabeza fue la mujer tomada,
> como si llamada fuese el hombre a subyugar;
> no de sus pies, como si destinada fuera
> a ser estrado del ser superior;
> sino que fue hecha para ser su esposa,
> tomada del costado, para ser su igual.
> —Carlos Wesley
> —Versión libre de Miguel Mesías

El pasaje de Efesios 5 también nos enseña que una persona debe tener con su cónyuge una relación tan estrecha como la tiene con los miembros de su propio cuerpo. El marido debe amar a su mujer así como ama a su propio cuerpo. Aquel que no ama a su mujer en realidad se está haciendo daño a sí mismo. De hecho, cuando un hogar es destruido por el divorcio, es destrozado tan dolorosamente como cuando un miembro es arrancado del cuerpo.

La iglesia, la cual es el cuerpo de Cristo, está segura en Cristo para siempre. Habiéndose referido al sustento y al cuidado de Cristo por su iglesia (v. 29), Pablo dice luego: "porque somos miembros de su cuerpo, de su carne y de sus huesos" (v. 30).

La seguridad que los creyentes, o sea el cuerpo de Cristo, tienen en Cristo es demostrada en Juan 10:28,29: "Y yo les doy vida eterna; y no perecerán jamás, ni nadie las arrebatará de mi mano. Mi Padre que me las dio, es mayor que todos, y nadie las puede arrebatar de la mano de mi Padre." Un miembro del cuerpo de Cristo jamás será divorciado por Cristo, y Pablo usa este hecho en Efesios 5 para ilustrar la seguridad que debería existir en la relación entre marido y mujer.

Pablo dice además: "Por esto dejará el hombre a su padre y a su madre, y se unirá a su mujer, y los dos serán una sola carne" (Ef. 5:31). Aquí Pablo hace referencia a la misma verdad señalada en Génesis 2:24. Nótese que los dos llegan a ser "una sola carne." Dios los hizo una sola carne y no hay ninguna provisión hecha para el divorcio. Desde luego, los inconversos no encuentran ningún inconveniente en su idea en cuanto al divorcio, puesto que ellos no consideran que la Biblia sea una fuente de autoridad; pero, con respecto a los creyentes, el asunto es totalmente diferente. Esto también nos enseña que la relación matrimonial apropiada puede ser alcanzada y mantenida solo por aquellos que se encuentran en correcta relación con Cristo.

El Divorcio no Está Provisto

Dios no hace provisión alguna para el divorcio, en ninguna parte, por cuanto el matrimonio fue instituido antes de la entrada del pecado. No había causa, ni razón, para el divorcio. El pecado es la sola causa para la lujuria, los deseos sensuales, el egoísmo y el odio; cosas éstas que, a su vez, son la causa para el divorcio. Pero puesto que el matrimonio fue instituido antes de que el pecado entrara en el mundo, no había razón para hacer provisión para el divorcio. Dios jamás cambia los principios básicos por El establecidos. Por lo tanto, el divorcio no es, ni puede ser, una parte del programa establecido por Dios.

Dado que Dios no hace provisión para que el hombre peque, tampoco hace provisión para el divorcio. Dios no es cómplice del pecado, ni tampoco El tienta a nadie. Santiago 1:13 dice: "Cuando alguno es tentado, no diga que es tentado de parte de Dios; porque Dios no puede ser tentado por el mal, ni él tienta a nadie." De modo que, al considerar los varios pasajes que tratan del matrimonio y del divorcio, debemos recordar que en el principio no fue hecha ninguna provisión para el divorcio, por cuanto el divorcio es resultado del pecado. Marcos 10:4-12 nos revela que la intención de Dios fue que nunca hubiera divorcio. Cristo afirma: "Cualquiera que repudia a su mujer y se casa con otra, comete adulterio contra ella; y si la mujer repudia a su marido y se casa con otro, comete adulterio" (vs. 11,12).

Lucas 16:18 señala una verdad similar: "Todo el que repudia a su mujer, y se casa con otra, adultera; y el que se casa con la repudiada del marido, adultera."

Posteriormente estudiaremos otros pasajes que revelan lo que fue el propósito e intención original del matrimonio.

Mucho tiempo después del establecimiento del matrimonio, Moisés dio permiso para el divorcio bajo una condición. Dios permitió esto debido a la dureza del corazón de la gente. Pero este permiso no cambia el principio original dictado por Dios, que un hombre y una mujer se unirán y que serán una sola carne por todo el tiempo que vivan. La unión matrimonial debe ser tan firme como lo es la unión de las varias partes del cuerpo. Para el hombre y la mujer casados, el divorcio es lo mismo que arrancarse un brazo o una pierna del cuerpo.

Pablo reafirma el principio de unidad, al referirse a la unidad entre Cristo y la Iglesia (Ef. 5). Aun cuando muchos en la iglesia pueden haber perdido la comunión con Cristo debido al pecado no confesado, es sin embargo verdad que no pueden ser separados de El. En Juan 10:28,29 leemos: "Y yo les doy vida eterna; y no perecerán jamás, ni nadie las arrebatará de mi mano. Mi Padre que me las dio, es mayor que todos, y nadie las puede arrebatar de la mano de mi Padre." Estas palabras de tanta certeza fueron pronunciadas por el Señor Jesús mismo.

Otra poderosa declaración en cuanto a nuestra irrompible relación con Cristo está en Romanos 8:35-39: "¿Quién nos separará del amor de Cristo? ¿Tribulación, o angustia, o persecución, o hambre, o desnudez, o peligro, o espada? Como está escrito: Por causa de ti somos muertos todo el tiempo; Somos contados como ovejas de matadero. Antes, en todas estas cosas somos más que vencedores por medio de aquel que nos amó. Por lo cual estoy seguro de que ni la muerte, ni la vida, ni ángeles, ni principados, ni potestades, ni lo presente, ni lo por venir, ni lo alto, ni lo profundo, ni ninguna otra cosa creada nos podrá separar del amor de Dios, que es en Cristo Jesús Señor nuestro.''

Hay que tener presente que la Biblia usa la relación de Cristo a su iglesia como una figura de la relación permanente entre marido y mujer. La verdad bíblica referente a la venida de Cristo por su esposa recalca todavía más tal aserción. Por ejemplo, en 1 Tesalonicenses 4:16,17 leemos: ''Porque el Señor mismo con voz de mando, con voz de arcángel, y con trompeta de Dios, descenderá del cielo; y los muertos en Cristo resucitarán primero. Luego nosotros los que vivimos, los que hayamos quedado, seremos arrebatados juntamente con ellos en las nubes para recibir al Señor en el aire, y así estaremos siempre con el Señor.''

La misma verdad es registrada en Juan 14: ''No se turbe vuestro corazón; creéis en Dios, creed también en mí. En la casa de mi Padre muchas moradas hay; si así no fuera, yo os lo hubiera dicho; voy, pues, a preparar lugar para vosotros. Y si me fuere y os preparare lugar, vendré otra vez, y os tomaré a mi mismo, para que donde yo estoy, vosotros también estéis'' (Jn. 14:1-3). Una vez que la novia de Cristo es unida al Novio, no hay ni siquiera pensamiento de separación. (Véase Ap. 19:7-9). Nuestra unión con El es eterna. Esta unidad de Cristo y su iglesia es usada para ilustrar la unidad del matrimonio, la cual no debe ser rota. Dios no ha hecho ninguna provisión para el divorcio.

La gente, en su debilidad, cortedad de vista y rebeldía, se aferran a lo que parece ser un agujero o una salvedad en este principio de la relación inseparable del matrimonio, a fin de contar con una vía de escape para dar rienda suelta a su lujuria y sin embargo poder aquietar sus conciencias. Lo que buscan es el permiso para el divorcio concedido bajo la Ley de Moisés, y aparentemente apoyado por Cristo. Pero Moisés permitió el divorcio sólo debido a la dureza del corazón de los israelitas, y dado que Jesús vuelve a citar el hecho de que Moisés lo permitió, algunos parecen pensar que el Señor lo está respaldando. Pero no lo hace. Por tanto, aquellos que buscan una manera de romper el matrimonio apoyándose en la legislación permisiva de Moisés y en la aparente confirmación del Señor Jesucristo, están cometiendo un grave pecado.

¿Cambiaría Jesús, el cual es Dios, el principio establecido en los comienzos de la raza humana? Dios no cambia como cambian los tiempos o las normas de la gente. Las normas de Cristo en cuanto al matrimonio todavía son las mismas que fueron dadas al principio.

Al examinar los varios pasajes que tratan del asunto, descubrimos que la ley de Moisés permitió el divorcio bajo cierta condición, pero nunca lo justificó. Todavía era pecado; por consiguiente, era todavía una equivocación. Mateo 19:8 lo dice claramente: "Moisés os permitió . . .", es decir, lo permitió pero no lo aprobó. El principio original de Dios de *un* hombre y *una* mujer nunca ha sido modificado. Debido a la dureza de corazón de la gente, el divorcio fue permitido en tiempos de Moisés, pero nunca ha sido parte del plan original de Dios.

Al estudiar la Biblia debe tenerse en cuenta que un principio básico jamás es establecido en un solo pasaje aislado, el cual parece contradecir claras enseñanzas del resto de la Escritura. El estudiante honesto de la Biblia busca aquellos pasajes que presentan enseñanzas claras y establece lo que es verdad a partir de ellos. Luego, al llegar a los pasajes difíciles, los interpreta a la luz de aquellos cuyas enseñanzas son incuestionables. Construir una doctrina sobre un pasaje de la Escritura que puede ser interpretado en más de una manera, e ignorar los pasajes en donde la enseñanza es clara, es una indicación de una manera desacertada de estudiar la Biblia.

Hoy en día hay personas que, preocupadas por el punto de vista escriturario sobre el divorcio, y sabiendo lo que la Biblia enseña sobre el asunto, buscan una escapatoria para poder satisfacer su lujuria. Algunos están decididos de antemano a salirse con la suya a como dé lugar. Por consiguiente, para aquietar sus conciencias mientras satisfacen sus deseos carnales, buscan una interpretación de la Biblia que se acople y esté de acuerdo a su manera de pensar. Cuando una persona actúa de tal manera, está dando clara evidencia de su dureza de corazón y de su carnalidad, tal como lo hicieron los israelitas bajo la ley mosaica. Asimismo, y tal vez sin darse cuenta, está haciendo a Dios partícipe de su pecado, especialmente si es alguien que ya ha nacido de nuevo (véase 1 Cor. 6:13-20).

Quiera Dios hacernos sensibles a las verdades espirituales, de modo que podamos entender lo que nos enseñan las Escrituras, y vivamos de acuerdo a ello. Hay diferencias de opinión en cuanto a lo que la Biblia enseña concerniente al matrimonio y al divorcio, pero procuremos nosotros, los que ya conocemos a Cristo como Salvador, ser serios y honestos al interpretar las Escrituras, para hacerlo cuidadosamente, y así dar a Cristo honor en todo lo que hacemos.

❷

Matrimonios Mixtos

En 1 Corintios 7 tenemos la respuesta de Dios a la pregunta sobre los matrimonios mixtos; los matrimonios donde uno de los cónyuges es cristiano y el otro no lo es. Hay otros tipos de matrimonios a los cuales también se les llama "matrimonios mixtos," pero aquí me estoy refiriendo específicamente al matrimonio de un creyente con un inconverso. ¿Son tales matrimonios mixtos permitidos o prohibidos en las Escrituras?

Un Mandamiento Directo

Segunda de Corintios 6:14 dice: "No os unáis en yugo desigual con los incrédulos." Si nada más fuese dicho, este mandamiento sería suficiente. En una relación tan íntima las acciones del uno controlan las acciones del otro. Un creyente nunca debería colocarse a sí mismo en posición de ser controlado por un inconverso en ninguna relación, pero esto es especialmente cierto en lo que se refiere a la relación matrimonial.

El vocablo "yugo" no tiene mucha significación para algunas personas, por cuanto el matrimonio no es visto como un yugo. Si no les gusta, se divorcian. De acuerdo a las estadísticas, en los Estados Unidos, y en el año de 1977, uno de cada dos matrimonios concluyó en divorcio. Esto es especialmente cierto entre los no creyentes, aun cuando los cristianos no están inmunes al problema. Es raro encontrar, hoy en día, una iglesia que no tenga entre sus feligreses por lo menos a una persona divorciada. En la mayoría de congregaciones hay varias personas en tal situación. Esta circunstancia ha presentado problemas únicos y peculiares, que los pastores y líderes tienen que enfrentar y resolver. Algunos los encaran directamente, pero también hay otros que se muestran renuentes a adoptar una posición definida con respecto al divorcio y al nuevo casamiento.

La declaración de Dios con respecto al marido y a la mujer es: "Así que no son ya más dos, sino una sola carne; por tanto, lo que Dios juntó, no lo separe el hombre" (Mt. 19:6). El matrimonio es un lazo permanente, un yugo. Este yugo no implica esclavitud ni cautiverio, sino que indica una relación tan íntima como la del creyente con Cristo (véase 1 Cor. 1:9). Esta relación puede ser ilustrada por una yunta de bueyes que halan juntos el arado para arar el campo. Los animales deben ser uncidos al yugo por igual, tanto que en Deuteronomio 22:10 se prohibe uncirlos en forma desigual, diciendo: "No ararás con buey y con asno juntamente."

Ningún creyente puede ser uncido en yugo desigual con un incrédulo, "porque, ¿qué compañerismo tiene la justicia con la injusticia? ¿Y qué comunión la luz con las tinieblas? ¿Y qué concordia Cristo con Belial? ¿O qué parte el creyente con el incrédulo? ¿Y qué acuerdo hay entre el templo de Dios y los ídolos? Porque vosotros sois el templo del Dios viviente, como Dios dijo: Habitaré y andaré entre ellos, y seré su Dios, y ellos serán mi pueblo" (2 Cor. 6:14-16).

Los incrédulos se caracterizan por andar en las tinieblas, en tanto que los creyentes se caracterizan por andar en la luz. Esto nos recuerda lo que se dice en 1 Juan 1:6,7, en donde leemos: "Si decimos que tenemos comunión con él (Dios), y andamos en tinieblas, mentimos, y no practicamos la verdad; pero si andamos en luz, como él está en luz, tenemos comunión unos con otros, y la sangre de Jesucristo su Hijo nos limpia de todo pecado."

El creyente y el inconverso no tienen nada en común espiritualmente. El creyente tiene a Dios viviendo en sí, y por eso Pablo se refiere al creyente como siendo el templo de Dios (2 Cor. 6:16).

En 1 Corintios 6:13-20 Pablo declara directamente que somos miembros del cuerpo de Cristo; por consiguiente, colectiva e individualmente, somos el templo del Dios viviente. El cuerpo del creyente es el templo de Cristo. De modo que, ¿qué derecho nos asiste para que lo unamos en una relación tan íntima con lo que es impío? "Por lo cual, salid de en medio de ellos, y apartaos, dice el Señor, y no toquéis lo inmundo; y yo os recibiré. Y seré para vosotros por Padre, y vosotros me seréis hijos e hijas, dice el Señor Todopoderoso" (2 Cor. 6:17,18).

Esta declaración contenida en 2 Corintios se refiere al aspecto espiritual de ser uncidos en yugo desigual. El pasaje se levanta como un decreto definido de Dios prohibiendo los matrimonios mixtos.

Algunos tal vez dirán que el amor resolverá todo problema o dificultad. Pero, ¿lo hará? Hay más de una clase de amor. El amor de Dios es diferente al amor humano. El amor a nivel del mundo, o sea, el amor humano, es egoísta, emocional, y crea antes que resuelve problemas. El amor humano está basado en meros afectos humanos, y el afecto, por sí mismo, es insuficiente para triunfar sobre los obstáculos que se presentan en el matrimonio. Por otro lado, el amor cristiano es un amor dado por Dios, por cuanto se origina en Sí mismo. Esto puede ser notado en Romanos 5:5: "Porque el amor de Dios ha sido derramado en nuestros corazones por el Espíritu Santo que nos fue dado." Es este amor dado por Dios y que se origina en Dios el que los esposos deben utilizar para cumplir el mandato que dice: "Maridos, amad a vuestras mujeres, así como Cristo amó a la iglesia, y se entregó a sí mismo por ella" (Ef. 5:25).

El Resultado de la Desobediencia

El punto importante es que Dios dice que no debemos unirnos en yugo desigual con los incrédulos. Si no hacemos caso a su advertencia, sufriremos las consecuencias, "pues todo lo que el hombre sembrare, eso también segará" (Gá. 6:7). El profeta Amós preguntaba: "¿Andarán dos juntos, si no estuvieren de acuerdo?" (Am. 3:3). La respuesta obvia es no.

A menudo los creyentes rebajan tanto sus normas, que a fin de cuentas hay muy poca o ninguna diferencia entre su forma de vida y la de los inconversos. Esto no debería ser así, pero esas normas rebajadas y las componendas son una parte de la razón para que haya tantos matrimonios mixtos hoy en día.

Aun cuando un creyente y un incrédulo pueden concordar en muchas cosas, nunca podrán estar de acuerdo en las cosas de mayor importancia. El uno ha visto su necesidad de la salvación y se ha dado cuenta de que su única esperanza es confiar en Jesucristo como Salvador y Señor. El inconverso no ha confiado en Cristo para su salvación. Para el creyente Cristo es su vida y su Señor. Para el incrédulo Cristo es solamente un hombre que vivió en determinado tiempo de la historia. No hay comunión íntima posible, a menos que ambas partes concuerden por lo menos en el asunto de la fe personal en Cristo. Esto, automáticamente, incluirá el estar de acuerdo en otros puntos espirituales importantes. Una vida de unión íntima entre un creyente y un inconverso hace que la absoluta consagración del cristiano sea imposible.

El cristiano debe prestar atención con mucho cuidado a lo que dice Romanos 12:1,2: "Así que, hermanos, os ruego por las misericordias de Dios, que presentéis vuestros cuerpos en sacrificio vivo, santo, agradable a Dios, que es vuestro culto racional. No os conforméis a este siglo, sino transformaos por medio de la renovación de vuestro entendimiento, para que comprobéis cuál sea la buena voluntad de Dios, agradable y perfecta." Las instrucciones contenidas en estos versículos ni siquiera pasan por la mente del inconverso; por consiguiente, el creyente y el incrédulo piensan de manera totalmente opuesta con respecto a estos asuntos.

Si esta es tu situación, no puedes entregar totalmente tu vida al Señor, por cuanto estás viviendo con una persona inconversa. Al incrédulo no le importan las cosas espirituales, y él o ella puede estorbarte para hacer lo que Dios quiere que hagas. Por ello, es imposible para ti poder consagrarte por completo a Dios.

Tampoco podrán estar de acuerdo en cuanto a cosas

vitales de la vida cotidiana. La Biblia dicta las normas para una vida recta. ¿Las aceptará tu cónyuge inconverso? ¿Y qué acerca de la conducta de los hijos, de la manera de criarlos, y miríadas de otros asuntos importantes? El creyente mira a la vida desde el punto de vista espiritual, en tanto que el inconverso la mira a través de los ojos de la carne. Aun cuando las diferencias pudieran ser minúsculas al principio, un matrimonio mixto está en camino hacia un serio conflicto, debido a los diferentes puntos de vista del creyente y del inconverso. El cristiano dirá: "Como creyente, no puedo hacer tal cosa;" en tanto que el incrédulo dirá: "Yo no veo nada de malo en hacerlo." Allí sobreviene el conflicto.

Aún más, el cristiano que se casa con un inconverso enfrentará constantemente un conflicto, por cuanto el Espíritu Santo traerá convicción de pecado a su conciencia. A pesar de eso, la fe de algunos se ha enfriado y sus conciencias se han endurecido debido a su constante desobediencia a Dios (1 Tim. 1:18,19; 4:1,2), y por eso la conciencia no les remuerde. La verdad es que si tú eres un hijo de Dios, y estás unido en yugo desigual con un incrédulo, habrá conflicto en tu alma. "Porque el deseo de la carne es contra el Espíritu, y el del Espíritu es contra la carne; y estos se oponen entre sí" (Gá. 5:17).

Dios pide que le entregues todo tu ser, sin reservas, para hacer lo que le honra a El (Ro. 12:1,2). ¿Cómo puedes hacer esto si te casas con un inconverso, lo cual es contra la voluntad de Dios, y le das tu cuerpo a tu cónyuge en lugar de entregárselo a Dios? El inconverso exigirá algunas cosas de ti, mientras tanto que Dios exige otras cosas. El incrédulo querrá que hagas algunas cosas que en ninguna manera contribuirán a la gloria de Dios, en tanto que Dios quiere que consideres cómo las cosas que haces contribuirán a la meta de honrarle a El. Constantemente se te pedirá que rebajes las normas, a fin de acomodarte a las normas del inconverso. Si no quieres rebajarlas, habrá conflicto con el inconverso, pero si las rebajas, tendrás conflicto con tu conciencia iluminada y te darás cuenta de que estás deshonrando al Señor. Querrás asistir a la iglesia, para estar con otros creyentes que tienen los mismos puntos de vista y las mismas creencias que tú, pero tu cónyuge pensará que asistir a la iglesia es una tontería. Querrás hacer la obra de Dios, pero no podrás por cuanto tu cónyuge inconverso exigirá que te quedes en casa.

"¿Andarán dos juntos, si no estuvieren de acuerdo?" (Am. 3:3). ¿Pueden acaso vivir juntos como marido y mujer y ser felices? Esto es imposible en el plano espiritual. Pudiera acaso ser posible, pero sólo a nivel terreno. En algunos casos, hasta las diferencias denominacionales han causado serios problemas en el matrimonio. En razón de que el incrédulo y el creyente sostienen tan diferentes puntos de vista, pronto descubrirán que están en desacuerdo no sólo en las cosas espirituales, sino también en asuntos que no son espirituales.

Regulando un Matrimonio Mixto

Si el creyente sigue las instrucciones dadas en 2 Corintios 6:14, nunca se encontrará unido en yugo desigual con un incrédulo en matrimonio. Pero, ¿qué de aquellos matrimonios en los cuales ambos cónyuges eran inconversos al tiempo de casarse, pero posteriormente uno de ellos creyó en Cristo como Salvador? ¿Qué debe hacer el creyente en tal instancia? También puede ser que cuando se casaron el creyente era insensible a las verdades espirituales, porque estaba lejos de la comunión con Dios, y por eso se casó con una persona inconversa. Más tarde, habiendo restaurado su comunión con Dios, y deseando honrarle en todo aspecto de su vida, el creyente confronta la seria pregunta de qué debería hacer en su relación matrimonial.

El capítulo 7 de 1 Corintios asienta algunos principios que nos enseñan cómo debe regularse un matrimonio mixto que ya ha sido consumado. La separación, después de que tal matrimonio ha sido establecido, es prontamente descartada. Sin embargo, si el cónyuge inconverso quiere separarse, eso no quiere decir que el creyente pueda volver a casarse.

Si un creyente está casado con un inconverso, cualquiera que fuere la razón, Dios no quiere que ese matrimonio se rompa. En los ojos de Dios el matrimonio es permanente. Pablo escribe a los Corintios, asentando directrices con respecto a los matrimonios mixtos: "Si algún hermano tiene mujer que no sea creyente, y ella consiente en vivir con él, no la abandone. Y si una mujer tiene marido que no sea creyente, y él consiente en vivir con ella, no lo abandone" (1 Cor. 7:12,13). El creyente no debe abandonar al inconverso si el matrimonio ya ha sido consumado. Es muy probable que en la situación en Corinto Pablo estaba tratando con matrimonios que habían sido celebrados siendo ambos contrayentes inconversos. Posteriormente, uno de ellos fue salvo como resultado de escuchar el evangelio. No obstante, cualesquiera que hubiere sido la razón para el matrimonio mixto, la voluntad de Dios es que el matrimonio sea permanente.

En el versículo 12 Pablo dice: "Y a los demás yo digo, no el Señor." Algunos asumen que Pablo estaba escribiendo una declaración que no era inspirada, pero ese no es el caso. Lo que Pablo quiere decir es que no hay ningún mandamiento directo y específico de parte de Dios respecto al asunto. Sin embargo, Pablo escribió bajo la autoridad apostólica y bajo la inspiración del Espíritu Santo. Lo que escribió tiene la autoridad de Dios que lo respalda. De aquí que el miembro de la familia cristiana tiene que hacer todo lo que sea posible para mantener unido al matrimonio.

Por otro lado, si la demanda de separación procede del miembro no cristiano de la familia, Pablo da las siguientes instrucciones: "Pero si el incrédulo se separa, sepárese; pues no está el hermano o la hermana sujeto a servidumbre en semejante caso, sino que a paz nos llamó Dios"(v.15). Esto simplemente significa que el creyente no debe buscar la separación, pero si el cónyuge inconverso quiere marcharse, el creyente no debe interponerse en el camino. De esta manera se evita la pelea entre ellos y se mantiene la paz. Además, el cristiano no está bajo esclavitud para negar su fe a fin de evitar que su hogar se destruya.

Sin embargo, algunos han entendido mal la frase de este versículo por la cual se afirma que el creyente "no está sujeto a servidumbre en semejante caso." Algunos interpretan esto como permitiendo que el creyente se case con otra persona. Pero Pablo no está dejando de lado el principio del matrimonio que ya ha sido enunciado en 1 Corintios 7:15. Por el contrario, lo que él está indicando es que el creyente no debe negar su fe sólo por evitar tener un hogar roto.

Tanto Cristo como Pablo enseñaron que el matrimonio es permanente, incluyendo los matrimonios mixtos entre creyentes e incrédulos. Aunque el inconverso puede iniciar el divorcio, el creyente nunca puede hacerlo. Y si el divorcio fue obtenido por el incrédulo, no se le permite al creyente volver a casarse. El versículo 11 señala: "Y si se separa, quédese sin casar, o reconcíliese con su marido." Consecuentemente, no hay ningún respaldo en este versículo para el divorcio entre cristianos.

Para el cónyuge cristiano el apóstol dice: "Que la mujer (creyente) no se separe del marido; y si se separa (o sea, si la unión es disuelta por el inconverso), quédese sin casar, o reconcíliese con su marido; y que el marido (creyente) no abandone a su mujer" (vs. 10,11). Si tú eres un cristiano. Dios te prohibe que te divorcies de tu cónyuge inconverso y que te cases de nuevo, aun cuando el incrédulo sea el que te abandone. Si el incrédulo quiere dejarte, nada podrás hacer en tal caso. Todo lo que podrás hacer es permitir que se vaya, pero tú no quedas libre para casarte otra vez (v. 11). Esto es la Palabra de Dios.

Pablo también da instrucciones sobre qué hacer si el incrédulo no desea divorciarse. Las Escrituras dicen: "Y él consiente en vivir con ella, no lo abandone" (v. 13). También dice que el marido incrédulo es santificado en la mujer, y que la mujer incrédula es santificada en el marido (v. 14). Esto no significa que el incrédulo es salvo por la mera asociación con el creyente, y sin la fe que salva. "Santificar" significa "ser apartado" para las bendiciones de Dios; esto es, dedicado o consagrado por estar unido a un creyente. La misma cosa es verdad con respecto a los hijos que nacen de tal unión. Sin embargo, el incrédulo puede eventualmente llegar a ser salvo, "Porque, ¿qué sabes tú, oh mujer, si quizá harás salvo a tu marido? ¿O qué sabes tú, oh marido, si quizá harás salva a tu mujer?" (v. 16). El creyente debe interesarse en la salvación de su cónyuge inconverso. Si el creyente tomara la decisión de terminar la relación matrimonial, sería lo mismo que cortar toda otra oportunidad para testificar al cónyuge inconverso.

Alguno pudiera preguntarse cómo testificar eficazmente al cónyuge inconverso. Algunos cónyuges cristianos parecen tener la impresión de que deben predicar a sus maridos o mujeres inconversos en cada oportunidad que se les presente. Pero esto no es lo que indican las Escrituras. El pasaje central que da instrucciones a las esposas cristianas sobre cómo testificar a sus maridos inconversos es 1 Pedro 3:1-4: "Asimismo vosotras, mujeres, estad sujetas a vuestros maridos; para que también los que no creen a la palabra, sean ganados sin palabra por la conducta de sus esposas, considerando vuestra conducta casta y respetuosa. Vuestro atavío no sea el externo de peinados ostentosos, de adornos de oro o de vestidos lujosos, sino el interno, el del corazón, en el incorruptible ornato de un espíritu afable y apacible, que es de grande estima delante de Dios."

Sin embargo, el hecho de que un matrimonio mixto

pudiera resultar en la salvación del inconverso no concede licencia para que una persona desobedezca intencionalmente los mandamientos de Dios y entre en tal unión. En otras palabras, si tú eres salvo o salva, pero la persona con la cual estás comprometida en noviazgo no es creyente, no tienes derecho para casarte con tal persona, esperando que más tarde él o ella van a creer. Nada en este pasaje implica licencia para contraer matrimonio con los incrédulos. Aquí se trata solamente con aquellos que ya están casados. El yugo desigual es expresa y específicamente prohibido en 2 Corintios 6:14 y 1 Corintios 7:39.

Santiago 4:17 dice: "Y al que sabe hacer lo bueno, y no lo hace, le es pecado." Las instrucciones con respecto a la partida del cónyuge incrédulo fueron dadas únicamente para aquellos que ya habían entrado (posiblemente en ignorancia) en una relación desigual.

Primera de Corintios 7:17 expresa la voluntad de Dios para aquellos involucrados en un matrimonio mixto: "Pero cada uno como el Señor le repartió; y como Dios llamó a cada uno, así haga; esto ordeno en todas las iglesias." Este versículo está contenido en la sección del capítulo que trata de los matrimonios mixtos. El tema del pasaje no cambiará sino en el versículo 25. Por tanto, el creyente debe permanecer en el estado matrimonial en que estaba cuando llegó a ser cristiano.

Dios ha ordenado que los matrimonios sean permanentes. Si un creyente se ha casado con un inconverso, tal vez en ignorancia, él o ella no deben separarse. Si el incrédulo se divorcia, el creyente poco podrá hacer para impedirlo si es que la decisión de parte del incrédulo ya está tomada; pero él o la creyente no pueden volver a casarse. Si el cónyuge incrédulo se queda en el hogar, él o ella es santificada, o separada en el sentido de consagración, y posiblemente llegará a ser salvada.

❸

Matrimonio y Divorcio

Consideremos de nuevo el primer pasaje que hallamos en las Escrituras concerniente al matrimonio: "Dijo entonces Adán: Esto es ahora hueso de mis huesos y carne de mi carne; ésta será llamada Varona, porque del varón fue tomada. Por tanto, dejará el hombre a su padre y a su madre, y se unirá a su mujer, y serán una sola carne" (Gén. 2:23,24).

Originalmente No Hay Divorcio

El principio original de Dios con respecto al matrimonio es asentado en estos versículos. Nótese que el divorcio no es parte del programa de Dios. Cuando El instituyó el matrimonio, no hizo provisión alguna para el divorcio en caso de que el matrimonio no resultara bueno.

Dios es inmutable. Habiendo asentado sus principios una sola vez, jamás los va a cambiar. Obsérvese cuidadosamente algunas porciones de las Escrituras que confirman esta afirmación: "Dios no es hombre, para que mienta, ni hijo de hombre para que se arrepienta (cambie): El dijo, ¿y no hará? Habló, ¿y no lo ejecutará?" (Nm. 23:19). "Porque yo Jehová no cambio" (Mal. 3:6). "Por lo cual, queriendo Dios mostrar más abundantemente a los herederos de la promesa la inmutabilidad de su consejo, interpuso juramento" (Heb. 6:17). "Jesucristo es el mismo ayer, y hoy, y por los siglos" (Heb. 13:8). "Toda buena dádiva y todo don perfecto desciende de lo alto, del Padre de las luces, en el cual no hay mudanza, ni sombra de variación" (Stg. 1:17).

En el Salmo 33, en su versículo 11 dice con respecto a la Palabra de Dios: "El consejo de Jehová permanecerá para siempre; los pensamientos de su corazón por todas las generaciones." Salmo 119:89 dice: "Para siempre, oh Jehová, permanece tu palabra en los cielos." Esto significa que su Palabra es incambiable. Si El cambiara una sola cosa, podría bien cambiar otra. Podría cambiar su plan de salvación, o su plan con respecto a las cosas por venir. Pero Dios no cambia. Lo ha dicho una vez, y eso lo deja establecido para siempre.

Cristo mismo, muchos años después de celebrado el primer matrimonio, reafirmó el principio del matrimonio que se dicta en Génesis 2:23,24. "El, respondiendo, les dijo: ¿No habéis leído que el que los hizo al principio, varón y hembra los hizo, y dijo: Por esto el hombre dejará padre y madre, y se unirá a su mujer, y los dos serán una sola carne? Así que no son ya más dos, sino una sola carne; por tanto, lo que Dios juntó, no lo separe el hombre" (Mt. 19:4-6). La intención y propósito de Dios era que el matrimonio sea para toda la vida; esto es, mientras ambas personas vivan. Los contrayentes de un matrimonio debían permanecer casados el uno al otro. No debían procurar terminar esta sagrada relación.

El divorcio no es mencionado en las Escrituras sino muchos años después de que el matrimonio fue instituido por Dios. De hecho, no es mencionado sino hasta después de que la ley fue dada. En los Diez Mandamientos, que Dios dio a Moisés, no hay mención del divorcio. Dos de los mandamientos, el séptimo y el décimo, indirectamente lo prohiben. Exodo 20:14 dice: "No cometerás adulterio." El versículo 17 contiene el décimo mandamiento, y dice: "No codiciarás la casa de tu prójimo, no codiciarás la mujer de tu prójimo, ni su siervo, ni su criada, ni su buey, ni su asno, ni cosa alguna de tu prójimo."

No hubo ninguna otra ley suplementaria para las que fueron dadas por inspiración y por comisión de Dios. Sin embargo, entre las leyes dadas como permiso, por medio de Moisés, dadas por inspiración pero no reflejando la voluntad directa y primaria de Dios, consta la ley del divorcio. Examinémosla en su apropiada categoría, no como una ley directa, sino como una ley permisiva.

Jesús se refirió a ella en Mateo 19:7,8, y explicó por qué fue dada. Los fariseos entendían que no hubo razón para el divorcio cuando Dios estableció originalmente el matrimonio, puesto que preguntan: "¿Por qué, pues, mandó Moisés dar carta de divorcio, y repudiarla?" (v. 7). Ellos quieren decir: "¿Por qué Moisés hizo tal cosa, siendo que no había tal cosa como el divorcio al principio?" Jesús contestó la pregunta diciendo: "Por la dureza de vuestro corazón Moisés os permitió repudiar a vuestras mujeres; mas al principio no fue así" (v. 8).

El divorcio no fue la voluntad directa de Dios, pero debido a la dureza de corazón de los israelitas, fue permitido o tolerado. Pero el hecho de que el divorcio haya sido permitido, de ninguna manera lo justifica.

¿Permite Dios el Divorcio Hoy en Día?

Dios permitió el divorcio durante el tiempo de la ley, pero fue permitido para aquellos en Israel que eran incircuncisos de corazón. Habían sido circuncidados en la carne, pero no en el corazón; habían resbalado y caído. Aquello que fue permitido para los incircuncisos de corazón en Israel no debe servir como regla para aquellos en quienes ha obrado el amor de Dios por medio del Espíritu Santo (Ro. 5:5).

En cuanto a lo que a los principios de Dios concierne, no hay provisión alguna para el divorcio. El dio, sin embargo, permiso para el divorcio a los de corazón endurecido y rebelde en Israel. Pero el creyente espiritual y obediente de lo que la Biblia enseña, no debe tomar lo que Dios permitió por la dureza del corazón, como una regla para la iglesia, la cual es gobernada por la ley de Cristo, y no por la ley permisiva de Moisés.

¿Ratificó Cristo el principio original de Dios, o reestableció la ley permisiva de Moisés? Los fariseos preguntaron: "¿Es lícito al hombre repudiar a su mujer por cualquier causa?" (Mt. 19:3). La razón de su pregunta fue tentar a Jesús, como lo establece el versículo 3. ¿Cuál fue la respuesta de Jesús? "¿No habéis leído que el que los hizo al principio, varón y hembra los hizo, y dijo: Por esto el hombre dejará padre y madre, y se unirá a su mujer, y los dos serán una sola carne? Así que no son ya más dos, sino una sola carne; por tanto, lo que Dios juntó, no lo separe el hombre" (Mt. 19:4-6).

Al contestar la pregunta de los fariseos, Jesús reafirmó el principio original establecido por Dios.

Entonces ellos hicieron una segunda pregunta: "¿Por qué, pues, mandó Moisés dar carta de divorcio, y repudiarla?" (v. 7). Jesús contestó diciéndoles: "Por la dureza de vuestro corazón Moisés os permitió repudiar a vuestras mujeres" (v. 8). Dios permitió esto solamente por una razón; esto es, por la dureza de aquellos que tenían su corazón rebelde. Nótese también que Moisés *permitió* el divorcio, pero no lo *ordenó*. En ninguna porción de las Escrituras podemos leer que Dios lo haya sancionado ni aprobado. Dios no puede ser Dios y a la vez cambiar sus normas o principios, los cuales fueron establecidos desde el principio.

En Deuteronomio 24:1 encontramos la declaración completa de las condiciones bajo las cuales Moisés permitió a un hombre divorciarse de su esposa: "Cuando alguno tomare mujer y se casare con ella, si no le agradare por haber hallado en ella alguna cosa indecente, le escribirá carta de divorcio, y se la entregará en su mano, y la despedirá de su casa." La única razón por la cual se permite la carta de divorcio, a fin de cuentas, es la dureza de corazón de los israelitas. No había ninguna otra razón.

Si el esposo encontraba que su esposa había sido inmoral antes de su matrimonio, o sea, que ella había cometido el pecado de fornicación, él podía enviarla de regreso a la casa del padre de ella, con una carta de divorcio. Pero en tal caso el resultado era la muerte, si la acusación podía ser substanciada. En Deuteronomio 22:13,14 leemos: "Cuando alguno tomare mujer, y después de haberse llegado a ella la aborreciere, y le atribuyere faltas que den que hablar y dijere: A esta mujer tomé, y me llegué a ella, y no la hallé virgen."

Los versículos 15 al 19 nos indican cómo podía probarse la acusación, y el castigo que debía aplicarse al hombre si se probaba que el cargo era falso. Luego el registro continúa: "Mas si resultare ser verdad que no se halló virginidad en la joven, entonces la sacarán a la puerta de la casa de su padre, y la apedrearán los hombres de su ciudad, y morirá, por cuanto hizo vileza en Israel fornicando en casa de su padre; así quitarás el mal de en medio de ti" (vs. 20,21).

Tal era el mandamiento concerniente a la ley del divorcio en el Antiguo Testamento. Algunas personas hoy en día quieren aceptar una parte del mandamiento, pero no están dispuestas a aceptarlo en su totalidad. ¿Será acaso sólo para poder dar gratificación a sus propios deseos? En estos días de creciente inmoralidad, los cristianos deben leer cuidadosamente este capítulo, para ver cómo aborrece Dios los pecados sexuales.

Deuteronomio 22:22 dice que si un hombre o su mujer tuvieren relaciones sexuales ilícitas *después* de casados, los culpables debían ser apedreados hasta la muerte—no divorciados. Por medio de Moisés Dios permitió el divorcio por el pecado de fornicación antes del matrimonio, pero la mujer debía morir por su pecado. Pero si el pecado de adulterio era cometido después del matrimonio, ambas personas culpables eran condenadas a muerte.

Al considerar las enseñanzas de Jesús acerca del divorcio y de un nuevo casamiento, es importante entender la época en la cual Jesús ministró. El vivió en un punto de transición entre el sistema de la ley del Antiguo Testamento al período de gracia del Nuevo Testamento. Esto es evidente en Juan 1:17: "Pues la ley por medio de Moisés fue dada, pero la gracia y la verdad vinieron por medio de Jesucristo.'' Este versículo hace una clara distinción entre las dos eras, la de la ley y la de la gracia. Romanos 10:4 dice: ''Porque el fin de la ley es Cristo, para justicia a todo aquel que cree.'' El punto básico de este pasaje es que Jesucristo trajo el sistema de la ley a su punto final, en lo que concierne a cualquier intento de producir justicia en el hombre.

Otro pasaje que revela que Jesucristo vivió en un período de transición entre la ley y la gracia es Lucas 16:16: ''La ley y los profetas eran hasta Juan; desde entonces el reino de Dios es anunciado, y todos se esfuerzan por entrar en él.''

Tal vez el lector se pregunte: ¿Por qué es tan importante establecer el hecho de que Jesucristo vivió en un tiempo de transición entre la ley mosaica del Antiguo Testamento y la era de la gracia del Nuevo Testamento? Al interpretar los pasajes de Mateo es importante darse cuenta de que las palabras de Cristo reflejan los requerimientos de la ley; sin embargo, El hizo declaraciones que se proyectan hacia adelante, al tiempo cuando la humanidad no estaría más bajo la ley mosaica.

Durante su vida sobre la tierra, Cristo hizo énfasis sin reservas sobre lo que la ley decía y lo que era permitido por ella. Muchos en Israel, especialmente sus líderes, se creían justos en su propia estimación, y por ello Jesús recalcaba no sólo lo que la ley decía, sino también lo que era el propósito e intención de ella, de modo que ellos pudieran convencerse de su pecado. La ley fue dada para traer bajo convicción a aquellos que estaban bajo la ley. Jesús hacía énfasis en el propósito de ella; esto es, convicción.

El libro de Mateo fue escrito primariamente con lectores judíos en mente, y una buena porción del libro tiene a los líderes de la nación como objetivo. Es por eso que el Evangelio según San Mateo contiene algunas declaraciones concernientes al matrimonio y al divorcio que no se encuentran en ninguna otra porción del Nuevo Testamento. En los Evangelios de Marcos y Lucas, escritos con lectores primariamente gentiles en mente, tales declaraciones no aparecen. Estas distinciones serán más prominentes a medida que examinamos los pasajes en detalle.

En razón de que Marcos y Lucas fueron escritos primariamente para lectores gentiles, el divorcio y el nuevo casamiento están estrictamente prohibidos en estos Evangelios. Esto es porque el divorcio fue permitido durante el tiempo de la ley, debido a la dureza de corazón de los israelitas; pero siendo que el divorcio nunca fue arreglado por Dios, no es mencionado a los gentiles. La distinción entre judíos y gentiles y su relación a la ley explica por qué el divorcio es mencionado solamente en el Evangelio de Mateo.

Los dos pasajes del Evangelio de Mateo que son comúnmente citados con respecto al divorcio, fueron realmente dirigidos a aquellos que vivían durante el tiempo de la ley, y no están destinados a dar instrucciones específicas a los que viven después del tiempo de la ley. Por eso, cuando los fariseos preguntaron a Jesús: ''¿Es lícito al hombre repudiar a su mujer por cualquier causa?'' (Mt. 19:3), el Señor les respondió de acuerdo a la ley mosaica bajo la cual ellos estaban viviendo. Aun así, El hizo hincapié en la norma original: ''Lo que Dios juntó, no lo separe el hombre''

(v. 6). Para los judíos que estaban viviendo bajo la ley, Jesús dijo: "Por la dureza de vuestro corazón Moisés os permitió repudiar a vuestras mujeres," no obstante, de seguido añade: "mas al principio no fue así" (v. 8). Volveremos a este pasaje de Mateo 19 más adelante.

Adulterio y Fornicación

Las palabras "fornicación" y "adulterio" no significan la misma cosa; de otra manera, sería ilógico usar ambas en la misma frase. Ambas aparecen en Mateo 5:32, 15:19; 19:9; Marcos 7:21; 1 Corintios 6:9; Gálatas 5:19 y Hebreos 13:4. Algunas veces son traducidas en forma distinta, pero los vocablos griegos que aparecen en los versículos mencionados son variaciones de las palabras que significan básicamente "fornicación" y "adulterio."

Ambos términos se refieren a una relación sexual ilícita, pero difieren en cuanto al tiempo en que el acto ocurre, y al grado de culpa ligado al mismo. De acuerdo con el contexto de los pasajes de las Escrituras que tratan de los pecados sexuales, "adulterio" se refiere al acto inmoral cuando es cometido después del matrimonio. "Fornicación" se refiere primariamente al acto cometido antes del matrimonio, y conlleva un significado secundario de adulterio.

La palabra griega que se traduce "fornicación" es el vocablo *porneia,* y es suficientemente amplia como para abarcar toda conducta sexual desviada. Sin embargo, cuando es usada como diferente del vocablo "adulterio", hace hincapié en un contraste especial, señalando particularmente el pecado sexual cometido antes del matrimonio, en tanto que "adulterio" se refiere específicamente al pecado cometido después del matrimonio.

Jesús usó exclusivamente la palabra "fornicación" cuando habló de la ley de Moisés que permitía el divorcio. Bajo la legislación mosaica, el divorcio fue una posibilidad solamente cuando había habido fornicación. El castigo para el adulterio era el apedreamiento hasta la muerte (Lv. 20:10), de modo que el divorcio ni siquiera fue considerado como posible para tal pecado.

Deuteronomio 22 y 24 se refieren al pecado de fornicación. Estos capítulos parecen tratar del mismo pecado, aun cuando cada uno lo enfoca en una manera diferente. El capítulo 22 revela que después de que una pareja se hubiera casado, el esposo podía buscar la anulación del matrimonio si descubría que su esposa había tenido relaciones sexuales con otro hombre antes de su matrimonio. Entonces era necesario un juicio formal, y si los cargos eran encontrados falsos, se le imponía una multa al marido y la mujer permanecía como su esposa (v. 19). Si se demostraba y probaba que el cargo era cierto, la mujer era apedreada hasta la muerte (v. 21). Por su parte, el capítulo 24 parece tratar con el mismo pecado, pero no menciona el juicio formal ni sus resultados. En lugar de ellos, el esposo hacía privadamente la decisión de dar a su esposa una carta de divorcio, y despedirla de su casa.

En el Nuevo Testamento, Pablo estaba hablando a personas solteras cuando dijo: "pero a causa de las fornicaciones, cada uno tenga su propia mujer, y cada una tenga su propio marido" (1 Cor. 7:2). En Juan 8:41 los fariseos dijeron a Jesús: "Nosotros no somos nacidos de fornicación;'' con lo cual estaban haciendo burla de aquello que es precioso para los creyentes; esto es, el nacimiento virginal de Jesús. Indirectamente ellos estaban afirmando que María había cometido fornicación, y que Jesús era un bastardo. De acuerdo con el contexto, ellos estaban usando la palabra ''fornicación'' para referirse al pecado sexual cometido antes del matrimonio.

En Gálatas 5:19 también se usan ambas palabras: ''Y manifiestas son las obras de la carne, que son: adulterio, fornicación . . .'' lo cual demuestra que Pablo está refiriéndose a dos tipos de pecados sexuales.

De este modo las Escrituras hacen una distinción entre la inmoralidad antes del matrimonio y la inmoralidad después del casamiento. En nuestros días, el uso popular del vocablo ''fornicación'' abarca ambos casos; sin embargo, las Escrituras usan los términos en forma diferente. Este uso escriturario es el que Jesús emplea en Mateo 5:32 al referirse a fornicación y adulterio.

Los judíos del tiempo de Cristo comprendieron tal distinción, por cuanto se daban cuenta de que la pena para el adulterio era el apedreamiento hasta la muerte. Cuando trajeron a Jesús a la mujer que había sido sorprendida en el mismo acto de adulterio, le dijeron: ''Y en la ley nos mandó Moisés apedrear a tales mujeres. Tú, pues, ¿qué dices?'' (Jn. 8:5). Desde luego, ellos estaban tratando de poner una trampa a Jesús, pero por lo menos esta declaración nos demuestra que ellos comprendían claramente que el castigo para el adulterio era el apedreamiento hasta la muerte. De modo que, inclusive bajo la ley mosaica, el adulterio no era base para el divorcio.

El divorcio fue permitido para los israelitas, solamente cuando había habido fornicación antes del matrimonio. Pero aun en tal caso, el permiso fue otorgado únicamente debido a la dureza del corazón de ellos. Algunas personas piensan que en los tiempos del Antiguo Testamento se permitía divorciarse y volverse a casar por razón del adulterio, pero el asunto simplemente no es así. Deuteronomio 22:22 dice: "Si fuere sorprendido alguno acostado con una mujer casada con marido, ambos morirán, el hombre que se acostó con la mujer, y la mujer también; así quitarás el mal de Israel." En el caso del adulterio, o sea, el pecado sexual después el matrimonio, el castigo era la muerte.

De modo que es importante dejar en claro que la palabra "adulterio" nunca es usada para describir el acto sexual ilícito antes del matrimonio; y que el castigo para dicho pecado era la muerte. Levítico 20:10 dice: "Si un hombre cometiere adulterio con la mujer de su prójimo, el adúltero y la adúltera indefectiblemente serán muertos." Así que, vemos que absolutamente no había arreglo para el divorcio en caso de adulterio, por cuanto ambos culpables—y nótese bien esto—ambos culpables eran muertos por apedreamiento.

Algunas personas, hoy en día, quieren adherirse a una parte de la ley mosaica, esto es, a la ley del divorcio, pero ciertamente no desean adherirse a la ley completa. No obstante, si vamos a seguir el primer aspecto de la ley permisiva del divorcio, también estamos obligados a seguir el segundo aspecto. Esto es inescapable. Gálatas 3:10 dice: "Porque todos los que dependen de las obras de la ley están bajo maldición, pues escrito está: Maldito todo aquel que no permaneciere en todas las cosas escritas en el libro de la ley, para hacerlas.'' Santiago 2:10 dice: ''Porque cualquiera que guardare toda la ley, pero ofendiere en un punto, se hace culpable de todos.'' De modo que si nos colocamos bajo la ley, estamos obligados a guardarla totalmente y por completo. Si una persona quiere conseguir un divorcio apoyándose en la ley permisiva, entonces tal persona está obligada a guardar toda la ley. Para entender todavía más sobre la severidad de la ley, léase Esdras 9 y 10.

4

Divorcio y Nuevo Matrimonio

El Señor Jesús, en Mateo 19:7,8 dejó muy en claro que Moisés permitió el divorcio únicamente debido a la dureza de corazón de la gente. El divorcio fue permitido, tolerado, pero nunca refrendado como una parte del plan de Dios para el matrimonio. El divorcio no fue un estatuto aprobado por Dios como una añadidura al principio original con respecto al matrimonio. Fue una regulación permisiva, diseñada para ayudar a regular una práctica viciosa, común en las naciones paganas, que hubiera destruido la vida familiar en Israel, si se le hubiera permitido que continuara sin reglamentación alguna.

¿Deberíamos nosotros, en quienes ha sido derramado el amor de Dios por el Espíritu Santo (Ro. 5:5), regular nuestra vida matrimonial sobre tales bases? Si tratamos de escudarnos tras el permiso mosaico, estamos apelando a una situación que es incompatible con nuestra relación con Dios. Sin embargo, algunas personas están tratando de ver hasta dónde pueden estirar la bondad y misericordia de Dios en este asunto.

Cuando los fariseos trataron de poner una trampa a Jesús con respecto al divorcio, El les recordó el principio original del matrimonio. Les citó el segundo capítulo de Génesis, reafirmando que marido y mujer eran una sola carne, y que nadie debía separar lo que

Dios había juntado. En verdad, el Señor Jesús recordó a los fariseos el principio que El mismo había establecido cuando empezó la raza humana. Colosenses 1:15-19 dice acerca de Jesucristo: "El es la imagen del Dios invisible, el primogénito de toda creación. Porque en él fueron creadas todas las cosas, las que hay en los cielos y las que hay en la tierra, visibles e invisibles; sean tronos, sean dominios, sean principados, sean potestades; todo fue creado por medio de él y para él. Y él es antes de todas las cosas, y todas las cosas en él subsisten; y él es la cabeza del cuerpo que es la iglesia, él que es el principio, el primogénito de entre los muertos, para que en todo tenga la preeminencia; por cuanto agradó al Padre que en él habitase toda plenitud."

Nuestro Señor no podía haber sido Dios si hubiera dado su aquiescencia a las normas degradadas con respecto al matrimonio, que la gente caída en pecado ha sustituido en lugar de las normas de Dios.

De manera que podemos hacer nuestra elección. Podemos colocarnos dentro del propósito original de Dios, tal como es asentado en el libro de Génesis, o podemos endurecer nuestros corazones, como aparentemente lo hicieron los fariseos. Pero, si nos endurecemos, sufriremos las consecuencias de nuestra rebelión, tal como Israel tuvo que sufrirlas.

Las leyes del divorcio en Israel habían degenerado enormemente entre el tiempo de Moisés y el tiempo de Cristo. Las autoridades legales, paulatinamente, habían empezado a conceder el divorcio por casi cualquier causa, y el castigo por el pecado del adulterio prácticamente fue abolido. La mayoría de la gente en Israel prestaba poca o ninguna atención a las regulaciones establecidas por Moisés. Como resultado, Israel se había tornado tan "moderna" como nuestra gente en la actualidad.

Este era el trasfondo de la pregunta que los fariseos hicieron a Jesús. Cuán lejos habían ido algunos de ellos está indicado por una de sus propias preguntas: "¿Es lícito al hombre repudiar a su mujer por cualquier causa?" (Mt. 19:3). La implicación es que el matrimonio no se consideraba como un vínculo definitivo y obligatorio, y que el divorcio podía ser obtenido por una gran variedad de razones. La respuesta del Señor llevó a estos hombres de regreso a los principios divinos originales.

Mateo 19 no es el único pasaje que se registra en los Evangelios, en el cual Jesús trata con el tema del divorcio. Marcos 10:2 dice que los fariseos preguntaron a Jesús si era lícito al marido repudiar a su mujer. La forma de hacer la pregunta coloca el énfasis en el asunto mismo del divorcio. Nuestro Señor les respondió diciéndoles que Moisés les había dado instrucciones sobre el asunto (v. 3). Cuando ellos contestaron de nuevo diciendo que Moisés había permitido que se diera carta de divorcio bajo ciertas condiciones, nuestro Salvador dijo que aquello fue debido a la dureza del corazón de ellos (v. 4,5). Luego el Señor recalca: "Pero al principio de la creación, varón y hembra los hizo Dios. Por esto dejará el hombre a su padre y a su madre, y se unirá a su mujer, y los dos serán una sola carne; así que no son ya más dos, sino uno. Por tanto, lo que Dios juntó, no lo separe el hombre" (vs. 6-9).

De acuerdo con el versículo 10, la conversación con los fariseos tuvo lugar fuera de la casa. Después de eso,

Cristo y sus discípulos entraron en la casa, y los discípulos le preguntaron de nuevo con respecto al divorcio. Jesús les dijo: "Cualquiera que repudia a su mujer y se casa con otra, comete adulterio contra ella; y si la mujer repudia a su marido y se casa con otro, comete adulterio" (vs. 11,12).

Esto fue todo lo que Jesús dijo. Ni a sus discípulos ni a los fariseos les concedió permiso para el divorcio. Reiteró el principio fundamental, tal como fue dado al principio, sin enmendarlo ni aumentarlo.

Esto no era un método nuevo que Jesús usaba. De acuerdo a los registros de los Evangelios, en muchas ocasiones el Señor usó frases tales como: "Oísteis que fue dicho . . ." El reafirmó los principios tal como fueron establecidos desde el comienzo. Hizo esto especialmente con sus discípulos, por cuanto ellos iban a colocar el cimiento de su Iglesia. Por eso, les instruyó correctamente en muchos asuntos esenciales.

Métodos de Interpretación

Creo necesario, en este punto, hacer dos declaraciones importantes con respecto a la interpretación de la Biblia. Primero, que un estudiante fiel y honesto de la Biblia examinará las Escrituras para hallar el principio fundamental y básico de cualquier doctrina dada. Luego, si hay alguna dificultad o aparente contradicción, procurará entenderla a la luz del principio básico. Lamentablemente este método no ha sido observado por un buen número de estudiosos de la Biblia cuando se considera la cuestión del divorcio. Esto último no es honesto y solo demuestra muy pobre erudición; por consiguiente, es algo pecaminoso y jamás debe ser aceptado como correcto por parte del estudioso honesto de la Biblia.

Segundo, el estudiante creyente que procura ser honesto en su estudio, reconocerá que en esta dispensación de la gracia ya no estamos bajo la ley. La ley fue válida desde el tiempo de Moisés hasta la muerte y resurrección de Cristo (Gá. 3:16-25). "Porque yo por la ley soy muerto para la ley" (Gá. 2:19). Sin embargo, un número no pequeño de aquellos mismos eruditos bíblicos que reconocen que ya no estamos bajo el régimen de la ley, se aferran a las regulaciones permisivas de la ley mosaica, en cuanto al divorcio. Aceptan a tal punto dichas regulaciones, que a fin de cuentas las consideran como principios básicos en cuanto al matrimonio y al divorcio; ignorando por completo que ya no estamos bajo la ley, sino bajo la gracia. Hacerlo así no es correcto.

Gálatas 3:12,13 dice: "y la ley no es de fe, sino que dice: El que hiciere estas cosas vivirá por ellas. Cristo nos redimió de la maldición de la ley, hecho por nosotros maldición (porque está escrito: Maldito todo el que es colgado en un madero)." Así que no estamos libres de la ley para vivir sin ley, sino para permitir que la ley de Cristo opere en nosotros. Esto se puede notar claramente en 1 Corintios 9:21, en donde leemos: "a los que están sin ley, como si yo estuviera sin ley (no estando yo sin ley de Dios, sino bajo la ley de Cristo), para ganar a los que están sin ley."

Los principios básicos sobre el matrimonio y el divorcio, para el período de la gracia fueron dictados claramente en el principio y fueron reafirmados en pasajes tales como Mateo 19:3-12; Marcos 10:2-12;

Lucas 16:18; Romanos 7:2,3 y 1 Corintios 7:10-17,39.

Cuando el Señor reiteró lo que Moisés había dicho con respecto al divorcio, no estaba dando su aprobación a ello, sino simplemente respondiendo a las preguntas de los fariseos. Dios no ha cambiado; no podría cambiar y ser todavía Dios.

Con respecto a este tema de la inmutabilidad de Dios, una porción del libro *El Conocimiento del Santo* de A. W. Tozer, me ha ayudado muchísimo.

"En este mundo en el que los hombres se olvidan de nosotros, cambian su actitud hacia nosotros según los dictados de sus intereses particulares, y revisan su opinión de nosotros por la más mínima causa, ¿no es una fuente de maravillosa fortaleza saber que el Dios con el cual nosotros tratamos no cambia, y que su actitud hacia nosotros es la misma que ha sido desde la eternidad pasada y será en la eternidad futura?

"Dios nunca cambia su modo de comportarse con nosotros o se enfría en su amor o pierde su entusiasmo. Su actitud hacia el pecado es la misma ahora como lo ha sido desde que expulsó al hombre pecador del paraíso, y su actitud hacia el pecador es la misma como cuando alargó su mano y exclamó: 'Venid a mí todos los que estáis trabajados y cargados, y yo os haré descansar.'

"Dios no entra en componendas ni necesita ser coaccionado. No puede ser persuadido a alterar su Palabra, ni convencido con palabrería para que conteste una oración egoísta. En todos nuestros esfuerzos por hallar a Dios, por agradarle, por tener comunión con El, debemos recordar que todo cambio debe efectuarse en nosotros. 'Porque yo Jehová no cambio.' No tenemos sino que satisfacer sus términos claramente establecidos, traer nuestras vidas para que estén de acuerdo a su voluntad revelada, y su infinito poder instantáneamente se torna operativo en nosotros, en la manera en que está declarado en toda la Escritura de la verdad'' (A. W. Tozer: *El Conocimiento del Santo,* en inglés; pp. 59,60).

En el mismo libro el escritor dice: ''Similarmente, su inmutabilidad presupone su fidelidad. Si El es inmutable y no cambia, se sigue que no podría ser infiel, puesto que ello requeriría que El cambiara. Cualquier falla en el carácter divino indicaría imperfección y, puesto que Dios es perfecto, tal cosa jamás podría ocurrir . . .

''Todos los actos de Dios son consistentes con la totalidad de Sus atributos . . .

''Dios, siendo quien es, no puede dejar de ser lo que es, y siendo lo que es, no puede actuar en contra de su propio carácter. Es a la vez fiel e inmutable, de modo que todos sus actos deben ser y continuar siendo fieles. Los hombres se tornan infieles debido al deseo, al temor, a la debilidad, a la pérdida de interés, o a causa de alguna poderosa influencia externa. Obviamente, ninguna de estas fuerzas pueden afectar a Dios en manera alguna'' (p. 85).

Por eso queremos recalcar que, puesto que Dios es inmutable y no cambia, no va a cambiar en cuanto a su principio respecto al matrimonio y al divorcio. El divorcio es hoy en día tan pecado como cuando fue introducido. Lo que fue permitido en las vidas de los corazones endurecidos de Israel, nunca debería convertirse en regla para el hijo de Dios que vive bajo la ley de Cristo, la ley del amor. La ley de Cristo está en nosotros, viviendo su vida en y a través de nosotros.

Enseñanza Adicional del Nuevo Testamento

A través de todas las epístolas se nos enseña que no hay provisión hecha para el divorcio. En la carta de Pablo a los Romanos, por ejemplo, está escrito: "Porque la mujer casada está sujeta por la ley (la ley original del matrimonio) al marido mientras éste vive; pero si el marido muere, ella queda libre de la ley del marido. Así que, si en vida del marido se uniere a otro varón, será llamada adúltera; pero si su marido muriere, es libre de esa ley, de tal manera que si se uniere a otro marido, no será adúltera" (Ro. 7:2,3). ¿Cómo podemos ignorar esta clara declaración?

Bajo la inspiración del Espíritu Santo, Pablo asentó este mismo principio en 1 Corintios 7. El versículo 39 dice: "La mujer casada está ligada por la ley (la ley original del matrimonio) mientras su marido vive; pero si su marido muriere, libre es para casarse con quien quiera, con tal que sea en el Señor." Esta misma enseñanza se encuentra en todo el Nuevo Testamento.

El único lugar del Nuevo Testamento en que se menciona la ley permisiva del divorcio, es cuando Jesús mencionó la ley de Moisés, dirigiéndose a los fariseos de corazón endurecido. Pero inclusive en tal ocasión Jesús indicó de seguido que en el principio no fue así, y que lo que Dios había juntado, ningún hombre debía separarlo.

El Divorcio

¿Cómo deberíamos interpretar el capítulo 7 de 1 Corintios? ¿Permite, acaso, Dios el divorcio en este pasaje? Ya hemos señalado que no hay ninguna base ni respaldo para tal aseveración. Nada hay que autorice el divorcio para el creyente. En los versículos 10 al 16 se menciona la separación iniciada por el cónyuge inconverso. Pero se indica muy claramente que el creyente no debe abandonar al incrédulo. Si el inconverso desea separarse, el creyente deberá dejar que se separe. En tal caso, el creyente no está bajo esclavitud, u obligación, para negar su fe con el fin de impedir que el matrimonio se rompa. En otras palabras, si estás casado con una persona inconversa que desea abandonarte, no tienes que negar tu fe sólo para mantenerlo o mantenerla a tu lado, e impedir que se vaya.

En los versículos 10 y 11 Pablo advierte a la esposa a que no se separe de su marido; pero si acaso el matrimonio es disuelto, ella no puede casarse de nuevo con otra persona. Por el contrario, una reconciliación está en orden, a la brevedad posible.

Estas son palabras de Dios, y eso deja la cuestión establecida de manera definitiva en lo que respecta a nosotros. En los planes de Dios para el cristiano no hay concesión alguna que permitiría el divorcio y un nuevo casamiento.

❺

Cuatro Declaraciones de Jesús en Cuanto al Divorcio y a un Nuevo Matrimonio

Al tratar de entender lo que la Biblia enseña concerniente al divorcio y a un nuevo matrimonio, es necesario dar atención especial a las declaraciones que se registran en el Nuevo Testamento, y particularmente a lo que enseñó nuestro Señor Jesucristo mismo. Jesús hizo cuatro declaraciones respecto al tema que nos ocupa, dos se hallan registradas en el Evangelio según San Mateo, una en el Evangelio de Marcos y una en el Evangelio de Lucas.

Primera Declaración: Mateo 5:31,32

El primer pronunciamiento de Jesús que registra Mateo está en el Sermón del Monte. Dando una clarificación al significado de la ley mosaica, Jesús dice: "También fue dicho: Cualquiera que repudie a su mujer, dele carta de divorcio. Pero yo os digo que el que repudia a su mujer, a no ser por causa de fornicación, hace que ella adultere; y el que se casa con la repudiada, comete adulterio" (Mt. 5:31,32).

Mateo estaba escribiendo su Evangelio teniendo en su mente a lectores primariamente judíos, y registró estas declaraciones de Jesús para dar una interpretación apropiada a la ley mosaica concerniente al divorcio. Ya fue anotado que el tiempo en que Jesús vivía en esta tierra fue un período de transición entre la era de la ley mosaica y la era de la gracia. Estos dos períodos pueden ser considerados también como la dispensación de la ley y la dispensación de la gracia. Aun cuando la gracia de Dios fue evidente durante toda la era de la ley, en el Antiguo Testamento, hay un sentido distintivo por el cual se puede considerar a la edad presente como la edad, o dispensación, de la gracia. Juan 1:17 dice: "Pues la ley por medio de Moisés fue dada, pero la gracia y la verdad vinieron por medio de Jesucristo." Gálatas 3:19 también hace una diferencia entre las edades de la ley y de la gracia: "Entonces, ¿para qué sirve la ley? Fue añadida a causa de las transgresiones, hasta que viniese la simiente a quien fue hecha la promesa; y fue ordenada por medio de ángeles en mano de un mediador." Nótese que este versículo señala que la ley fue añadida hasta que la simiente viniese. El versículo 16 indica específicamente que la simiente es Cristo.

Dado que Mateo dirigió su Evangelio primariamente a los judíos, era necesario que él clarificara el verdadero significado de la ley mosaica, con respecto a varios asuntos, y especialmente con respecto al divorcio y al nuevo casamiento. En los días de Jesús muchos de los judíos, especialmente los fariseos, habían casi nulificado la ley. Tenían la Palabra del Señor envuelta en sus propias interpretaciones y tradiciones muertas, tal como lo hace mucha gente el día de hoy. Pero Jesús irrumpió a través de las muchas capas de interpretaciones equivocadas y falsas tradiciones que cubrían muchos de estos asuntos, y debido a ello se ganó una violenta reacción de parte de los judíos. Llegaron a aborrecerle tanto que tramarían cualquier cosa con tal de matarlo. Eventualmente le crucificarían acusándolo por sus enseñanzas y su reclamo de ser Dios. Sin embargo, debe recordarse que ellos pudieron crucificarle solamente debido a que Jesús voluntariamente puso su vida por la humanidad. Jesús dijo: "Yo pongo mi vida, para volverla a tomar. Nadie me la quita, sino que yo de mí mismo la pongo. Tengo poder para ponerla, y tengo poder para volverla a tomar. Este mandamiento recibí de mi Padre" (Jn. 10:17,18).

De modo que las palabras de Cristo con respecto al divorcio y al nuevo matrimonio estaban destinadas a desenmascarar las falsas enseñanzas que los judíos habían entretejido encima de la ley del Antiguo Testamento. Es especialmente significativo el uso de las palabras "fornicación" y "adulterio" en Mateo 5:32. Cuando se la usa aisladamente, la palabra griega que se traduce "fornicación" puede referirse a cualquier relación sexual ilícita y anormal. Sin embargo, cuando se la usa en contraste con la palabra griega que se traduce "adulterio" se denota una distinción especial. Esto es de suma importancia en el razonamiento de si hay o no base para el divorcio y el nuevo matrimonio. Hoy en día, cuando la gente habla de una razón para el divorcio, generalmente están pensando en el adulterio. Pero Jesús dijo que durante el tiempo de Moisés la base para el divorcio y un nuevo matrimonio era la fornicación, no el adulterio.

Contraste Entre Fornicación y Adulterio

Conforme ya fue señalado anteriormente, "fornicación" se refiere al acto sexual ilícito cometido *antes* del matrimonio. Era el único caso en que se permitía el divorcio, y aun allí, sólo debido a la dureza de corazón de la gente. "Adulterio," en cambio, se refiere a una relación sexual ilícita cometida *después* de que la persona se había casado, y el castigo era la muerte de ambos culpables. De modo que el divorcio ni siquiera se pensó como una posibilidad en tal caso. Aquellos que, hoy en día, quieren adherirse a la regulación permisiva de Moisés con respecto al divorcio, confunden la fornicación con el adulterio, y no comprenden en su totalidad lo que la ley dice al respecto. Aquellos que dicen que están a favor del divorcio en base al adulterio, prefieren ignorar que la muerte, no el divorcio, era el castigo para el adulterio.

Interpretar la Biblia como muchos lo están haciendo en la actualidad no es otra cosa que torcer las Escrituras, para tratar de justificar las acciones erradas de uno. Pero si la persona quiere sostener la ley en uno de sus aspectos, moralmente está obligado a sostenerla en los demás puntos. Esto es lo que el Nuevo Testamento prescribe, según Gálatas 3:10 y Santiago 2:10.

Segunda Declaración: Mateo 19:3-9

La segunda declaración de Jesús concerniente al divorcio se halla en el capítulo 19 de Mateo. El versículo 3 provee el trasfondo para el pasaje: "Entonces vinieron a él los fariseos, tentándole y diciéndole: ¿Es lícito al hombre repudiar a su mujer por cualquier causa?"

Era algo típico de los fariseos tentar a Jesús planteándole preguntas que, a su modo de pensar, le obligarían a dar una respuesta que fuera una blasfemia a Dios o contraria a la ley mosaica. No obstante, fue característico de Jesús responderles en tal manera que la acusación real se tornaba en contra de los mismos fariseos.

La Primera Pregunta

Nótese la primera pregunta que plantearon a Jesús en aquella ocasión: "¿Es lícito al hombre repudiar a su mujer por cualquier causa?" (Mt. 19:3). La pregunta indica que la ley del divorcio se había tornado tan laxa en Israel, que los maridos se divorciaban de sus esposas por cualquier causa que les viniera en gana.

La respuesta que Jesús dio a los fariseos fue: "¿No habéis leído que el que los hizo al principio, varón y hembra los hizo, y dijo: Por esto el hombre dejará padre y madre, y se unirá a su mujer, y los dos serán una sola carne?" (vs. 4,5).

Jesús hizo referencia a las Escrituras del Antiguo Testamento, las cuales deberían haber sido bien conocidas para los fariseos. Génesis 1:27 dice: "Y creó Dios al hombre a su imagen, a imagen de Dios lo creó; varón y hembra los creó." También Génesis 2:18 afirma: "Y dijo Jehová Dios: No es bueno que el hombre esté solo; le haré ayuda idónea para él." Una vez que Dios hubo provisto esa ayuda idónea en la forma de una mujer, dijo: "Por tanto, dejará el hombre a su padre y a su madre, y se unirá a su mujer, y serán una sola carne" (Gé. 2:24). Es este versículo el que Jesús citó específicamente al responder a los fariseos. Luego Jesús añade otra declaración muy significativa: "Por tanto, lo que Dios juntó, no lo separe el hombre" (Mt. 19:6).

La Segunda Pregunta

De la respuesta que Jesús dio a los fariseos, se desprende que Dios no hizo provisión alguna para el divorcio. Los fariseos no quedaron satisfechos con la respuesta de Jesús, de modo que tornaron a preguntar. "¿Por qué, pues, mandó Moisés dar carta de divorcio, y repudiarla?" (Mt. 19:7), inquirieron. Ellos pensaron que habían logrado que Jesús cayera en la trampa. Su afirmación anterior dejaba claro que no había provisión alguna para el divorcio, y sin embargo, según ellos pensaban, era cierto que en tiempos de Moisés hubo ocasiones en que el divorcio fue concedido. Jesús se había referido a Adán y a Eva en las declaraciones que había hecho; luego los fariseos hacen referencia a Moisés, el cual había nacido varios miles de años más tarde. Ellos querían saber por qué Jesús estaba implicando que no había divorcio, bajo ninguna causa, cuando Moisés lo había permitido.

Jesús les contestó: "Por la dureza de vuestro corazón Moisés os permitió repudiar a vuestras mujeres " (v. 8). Nótese que Jesús reprochó severamente a los israelitas en general, y a los fariseos en particular, al hacer esta referencia al corazón duro. Moisés había permitido el divorcio debido a que a ellos les importaban poco las cosas de Dios. Entonces, antes de que los fariseos puedan hacer otra pregunta, Jesús añade: "mas al principio no fue así" (v. 8). En otras palabras, Jesús estaba diciendo que Dios jamás tuvo la intención de que la relación matrimonial fuera disuelta, como lo había sido bajo el código mosaico debido a la dureza del corazón de la gente.

Nada puede ser más claro en cuanto a la voluntad de Dios en referencia a la relación matrimonial. Aun cuando el divorcio fue permitido durante el tiempo de la ley mosaica, esto no fue la voluntad directiva de Dios. Cuando Cristo dijo estas palabras a los fariseos, la ley de Moisés todavía estaba en efecto. Jesús sabía que los fariseos habían torcido la ley mosaica, a fin de hacer lo que se les antojaba. Por eso Jesús dio una interpretación correcta y precisa de lo que fue permitido bajo la ley mosaica, y les dijo: "Y yo os digo que cualquiera que repudia a su mujer, salvo por causa de fornicación, y se casa con otra, adúltera; y el que se casa con la repudiada, adúltera" (Mt. 19:9). Aquí Jesús está haciendo la misma distinción entre fornicación y adulterio que fue señalada en conexión con Mateo 5:32. Además, Jesús está reafirmando que el divorcio no fue concedido en base al adulterio, con lo cual reafirma también el castigo que se prescribía en tales casos, esto es, la muerte por apedreamiento.

La Ley en Contraste con la Gracia

Es significativo que las declaraciones de Jesús con respecto a la ley permisiva de Moisés, en relación al divorcio, están registradas solamente en el Evangelio de Mateo. Marcos y Lucas no registran dichas diclaraciones, por cuanto estos evangelios fueron escritos teniendo a los gentiles en mente. Aun cuando esto pudiera parecer una inconsistencia a primera vista, no es tal; por cuanto una consideración más detallada llevará al que estudia la Biblia a descubrir que hay un buen número de distinciones entre judíos y gentiles en la Biblia.

Hay varias razones para las distinciones que se hacen en los evangelios. En primer lugar, la ley del divorcio que señaló Moisés fue dada estrictamente para Israel, y aquella nación estaba viviendo bajo la ley cuando Jesús vivía en la tierra.

Segundo, en razón de lo anterior, Marcos y Lucas no registran las declaraciones de Jesús en cuanto a la ley permisiva del divorcio, por cuanto fueron escritos para apelar a los gentiles, los cuales no estaban bajo la ley mosaica.

Algunos creen que la ley mosaica todavía se extiende hasta nuestros días. No obstante, debemos darnos cuenta de las distinciones que las Escrituras hacen en este respecto. Romanos 3:19 declara: "Pero sabemos que todo lo que la ley dice, lo dice a los que están bajo la ley, para que toda boca se cierre y todo el mundo quede bajo el juicio de Dios." Pero, ¿estamos nosotros bajo la ley? ¡Definitivamente, no! Romanos 6:14 dice: "Porque el pecado no se enseñoreará de vosotros; pues no estáis bajo la ley, sino bajo la gracia."

Otra distinción entre la edad de la ley y la de la gracia puede verse en Gálatas 3:23-25: "Pero antes que viniese la fe, estábamos confinados bajo la ley, encerrados para aquella fe que iba a ser revelada. De manera que la ley ha sido nuestro ayo, para llevarnos a Cristo, a fin de que fuésemos justificados por la fe. Pero venida la fe, ya no estamos bajo ayo."

Gálatas 4:4,5 dice: "Pero cuando vino el cumplimiento del tiempo, Dios envió a su Hijo, nacido de mujer y nacido bajo la ley, para que redimiese a los que estaban bajo la ley, a fin de que recibiésemos la adopción de hijos." Y Gálatas 5:18 específicamente dice: "Pero si sois guiados por el Espíritu, no estáis bajo la ley.'' Estos versículos son suficientes para demostrar que las Escrituras hacen una distinción muy significativa entre la edad, o dispensación, de la ley, y la edad, o dispensación, de la gracia.

Algunas personas reaccionan negativamente a la palabra ''dispensación'' y solemnemente declaran: ''¡Yo no soy dispensacionalista!'' Si ésta es tu respuesta, déjame preguntarte: ''¿Crees tú que las declaraciones que Dios hizo a Noé con respecto a la construcción del arca están vigentes para nosotros hoy en día?'' Si tu respuesta es no, entonces estás haciendo una diferencia entre distintas edades. Técnicamente, si no eres dispensacionalista, deberías todavía estar trayendo sacrificios al altar, como lo hacía la gente en los tiempos de Moisés. ¿Estás acaso de acuerdo en que las condiciones serán diferentes en la edad milenial cuando Cristo reine sobre la tierra de lo que son ahora? Si reconoces algo distintivamente diferente entre la edad del Reino y la edad presente, entonces eres dispensacionalista, aun cuando estés en desacuerdo con algunos o muchos de los detalles enseñados por los que se llaman tales. Es verdad que algunos han ido demasiado lejos, hilando demasiado fino en la Palabra de Dios. No obstante, mayor confusión ha resultado cuando no se han hecho suficientes distinciones. Si no se distinguen propiamente los diferentes aspectos del programa de Dios, tales como la ley, la iglesia, y el reino, el panorama que uno tiene de las Escrituras llega a ser una enorme confusión masiva.

En cada dispensación ha habido una línea distintiva de verdad que pertenece exclusivamente a dicho período de tiempo y a ningún otro. Las promesas a Noé acerca del diluvio pertenecen a dicho período de tiempo solamente, no al nuestro. Las promesas a Abraham y a su descendencia fueron específicamente para ellos y no para los gentiles; aun cuando los gentiles se hayan beneficiado de lo que Dios hizo por Israel. La ley vino por medio de Moisés y estuvo vigente hasta que Cristo la cumplió y la completó perfectamente, y derramó su sangre en la cruz por los pecados del mundo. Durante la presente era de la iglesia, ciertas promesas pertenecen solamente a los creyentes. Un estudio detallado revelará muchas de estas distinciones entre las diferentes edades, lo que debe ser tomado en cuenta si uno desea interpretar correctamente las Escrituras.

Con respecto a esta cuestión de las dispensaciones y al matrimonio y el divorcio, es importante notar que la institución del matrimonio trasciende todas las dispensaciones. El matrimonio no fue algo instituido solamente para una o dos naciones, sino para todas las naciones todo el tiempo. Por otro lado, la ley del divorcio fue limitada a la nación de Israel, bajo la ley mosaica. Aun en tal caso, el divorcio fue concedido únicamente cuando había habido fornicación, es decir, cuando al tiempo del matrimonio, el esposo descubría que su mujer había cometido un pecado sexual con otro hombre diferente.

Debido a que la ley del divorcio se refiere específicamente al tiempo de la ley mosaica, no puede ser aplicada a la presente edad de la iglesia. El Señor Jesús cumplió completamente la ley, y ahora El mora en nosotros para cumplirla en nosotros. Esta es una de las razones por las cuales Colosenses 1:27 dice: "Cristo en vosotros, la esperanza de gloria.''

Cualquiera que insiste en tomar la ley del divorcio del código mosaico y aplicarlo a nuestros días, lógicamente debe también aplicar de igual manera las demas regulaciones de la ley mosaica, tales como las concernientes a comer carne. En el Antiguo Testamento algunos animales podían ser comidos, y otros no podían serlo (Dt. 14). En el Nuevo Testamento Pablo mencionó a aquellos que ''mandarán abstenerse de alimentos que Dios creó para que con acción de gracias participasen de ellos los creyentes y los que han conocido la verdad'' (1 Tim. 4:3). Colosenses 2:16,17 dice: ''Por tanto, nadie os juzgue en comida o en bebida, o en cuanto a días de fiesta, luna nueva o días de reposo, todo lo cual es sombra de lo que ha de venir; pero el cuerpo es de Cristo.''

De modo que hay distinciones importantes entre la edad de la ley y la edad presente de la iglesia; y es importante reconocer que la ley del divorcio tiene que ver con la ley mosaica y no con la edad presente. Aplicarla a la edad presente es confundir las distinciones que Dios ha colocado en su Palabra.

Aun cuando Dios permitió el divorcio bajo la ley mosaica, y en base a la fornicación, Jesús dejó bien en claro que tal no fue la voluntad de Dios desde el principio (Mt. 19:8). Hay otras instancias cuando las Escrituras registran que Dios permitió algo que no estaba en acuerdo directo con su voluntad. Por ejemplo, los israelitas querían un rey, para ser como las demás naciones, y aun cuando esto no era la voluntad de Dios, El permitió que la nación tuviera su rey (1 Sm. 8).

Es un asunto muy serio, sin embargo, insistir en

satisfacer nuestros propios deseos cuando no están de acuerdo a la voluntad de Dios. Números 11 registra el incidente cuando los israelitas, en el desierto, se quejaron por la falta de carne. Finalmente, el Señor les envió carne, pero destruyó a muchos de ellos por causa de su espíritu quejoso. Al comentar este incidente el Salmo 106 afirma: "Bien pronto olvidaron sus obras; no esperaron su consejo: Se entregaron a un deseo desordenado en el desierto; y tentaron a Dios en la soledad. Y él les dio lo que pidieron; mas envió mortandad sobre ellos" (Sal. 106:13-15). El Nuevo Testamento nos enseña que las experiencias de Israel en el Antiguo Testamento deberían servirnos de lecciones para el día presente (1 Cor. 10:6,11). Por consiguiente, no insistamos en salirnos con la nuestra; puede resultar en una pobreza espiritual de nuestras almas.

Un Resumen Significativo

Hemos examinado dos de las declaraciones de Jesús que se encuentran en el Evangelio de Mateo. Hagamos, ahora, un resumen de las razones por las cuales Mateo 5:32 y 19:9 no se aplican al creyente cristiano.

Primero, fue Moisés quien concedió el divorcio; Cristo jamás lo hizo regla para la iglesia. La ley de Moisés no fue para los cristianos, como tampoco sus privilegios, ni sus maldiciones, ni su esclavitud.

Segundo, el divorcio en los días de Moisés difería de lo que es en la actualidad, por cuanto el matrimonio era diferente en aquel tiempo. El divorcio bajo la ley anulaba la primera parte del pacto matrimonial y no incluía el rompimiento de un matrimonio que incluyera aun a los hijos.

Tercero, el divorcio involucraba "dureza de corazón," o sea una actitud que debería ser completamente ajena a los cristianos.

Cuarto, el divorcio del cual Moisés habló, y al cual Cristo hizo referencia, era sólo para los hombres. Las mujeres cristianas están en un error al divorciarse de sus esposos, basándose para hacerlo en estos versículos de Mateo.

Quinto, la "fornicación" se refiere a la inmoralidad sexual antes del matrimonio, y no es equivalente de "adulterio."

Sexto, debido a que el Evangelio de Marcos (escrito primariamente para los gentiles) no incluye ninguna referencia a la fornicación como causa para el divorcio, aun cuando esto fue incluido en el relato de Mateo (escrito primariamente para los judíos), es evidente que el divorcio se relaciona únicamente a Israel y a la ley de Moisés.

Séptimo, el uso de estos versículos de Mateo como base para el divorcio es opuesto a otros pasajes bíblicos que enseñan claramente que el divorcio no es para los creyentes.

Como W. Fisher-Hunter escribió hace algún tiempo: "Cualquier mente honesta e imparcial debería tener poca o ninguna dificultad en comprender y aceptar el hecho de que los dos pasajes de Mateo que permiten el divorcio y un nuevo matrimonio tenían pertinencia únicamente para los hombres judíos que estaban bajo la ley, y que nunca tuvieron como propósito que se los aplicara a los cristianos" (*Marriage and Divorce*).

Tercera Declaración: Marcos 10:2-12

Otra declaración de Jesús concerniente al divorcio y al nuevo casamiento está registrada en Marcos 10:2-12. Los versículos 2 al 9 registran el mismo incidente narrado en Mateo 19:3-9. Sin embargo, Marcos registra algunos comentarios de Jesús que Mateo no anota. Después de que Jesús hubo respondido a los fariseos, entró a una casa junto con sus discípulos. Allí, éstos le preguntaron acerca de aquellos comentarios (v. 10). Jesús les dijo: "Cualquiera que repudia a su mujer y se casa con otra, comete adulterio contra ella; y si la mujer repudia a su marido y se casa con otro, comete adulterio" (v. 11,12).

Nótese que en los comentarios de Jesús en este punto no hay posibilidad alguna para el divorcio, bajo ninguna causa. Simplemente señala que cualquier hombre que repudia a su mujer, y se casa con otra, es culpable de adulterio, y que cualquier mujer que repudia a su marido, y se casa con otro, también es culpable de adulterio. Este pasaje provee la base para la conducta deseable durante la era de la Iglesia, por cuanto Jesucristo estaba hablando a sus discípulos, los cuales fueron los cimientos de la Iglesia. En razón de que la ley mosaica y los judíos no estaban siendo tomados en consideración en este punto, no se hace ninguna referencia a la fornicación, como se la hace en el Evangelio según San Mateo. Pero habiendo llegado al final de la edad de la ley mosaica, Cristo reafirmó el principio básico del matrimonio, y catalogó todo divorcio y nuevo matrimonio como un pecado de adulterio.

Cuarta Declaración: Lucas 16:18

La cuarta declaración de Jesús con respecto al divorcio y al nuevo casamiento está registrada en Lucas 16:18. Jesús dijo: "Todo el que repudia a su mujer, y se casa con otra, adultera; y el que se casa con la repudiada del marido, adultera."

Aquí otra vez Jesús reafirma el principio básico del matrimonio, y cataloga todo divorcio y nuevo matrimonio como adulterio. No hay indicación de disyuntiva alguna en estas declaraciones de Jesús. A medida que uno estudia más en el Nuevo Testamento con respecto a las instrucciones para la presente edad de la Iglesia, las declaraciones de los otros escritores inspirados concuerdan con las de Marcos y Lucas, ratificando que no hay posibilidad alguna para el divorcio y un nuevo casamiento.

Otras Declaraciones Sobre el Divorcio y el Nuevo Matrimonio

Las declaraciones hechas por Jesús y registradas por Marcos y Lucas para los lectores gentiles de la presente edad de la Iglesia, fueron también reafirmadas por el Espíritu Santo a través del apóstol Pablo. "Porque la mujer casada está sujeta por la ley al marido mientras éste vive; pero si el marido muere, ella queda libre de la ley del marido. Así que, si en vida del marido se uniere a otro varón, será llamada adúltera; pero si su marido muriere, es libre de esa ley, de tal manera que si se uniere a otro marido, no será adúltera" (Ro. 7:2,3). En Primera de Corintios 7, y aun tomando en cuenta varias otras circunstancias, Pablo indica que el divorcio y un nuevo casamiento no es una posibilidad abierta a uno que desea agradar al Señor. Con respecto a la mujer, Pablo dice: "Y si se separa, quédese sin casar, o reconcíliese con su marido; y que el marido no abandone a su mujer" (1 Cor. 7:11).

Ya hemos considerado estos pasajes en detalle y no vamos a hacerlo de nuevo. Sin embargo, quiero recalcar una de las verdades que ya ha sido asentada anteriormente. A través de todo este estudio sobre el divorcio y un nuevo matrimonio, se ha señalado que el divorcio fue permitido únicamente en base a la fornicación, y durante el tiempo de la ley mosaica, pero también se ha señalado que ya no estamos bajo dicha ley. Cuando se hace una declaración como ésta, algunos pueden entender erróneamente y pensar que si no estamos bajo la ley de Moisés, somos libres para hacer lo que se nos antoje. Pero es importante darse cuenta de que no estamos libres de la ley de Moisés para que vivamos sin ley alguna, sino para que permitamos que la Ley de Cristo opere en nuestras vidas.

Pablo destacó el balance de estas verdades y de cómo ellas se relacionan a su propia vida en 1 Corintios 9. Al decirnos cómo él ha tratado de hacerse todo a todos para ganarlos a Cristo, dice: "a los que están sin ley, como si yo estuviera sin ley (no estando yo sin ley de Dios, sino bajo la ley de Cristo), para ganar a los que están sin ley" (1 Cor. 9:21). Aun cuando Pablo no estaba viviendo bajo la ley mosaica, dejó indicado muy claramente que no vivía sin ley en su relación con Dios. Esta es otra manera de decir que aun cuando una persona no está bajo la ley mosaica, está bajo el imperio de la ley de la gracia, a la cual se hace referencia en

Romanos 6:14: "Porque el pecado no se enseñoreará de vosotros; pues no estáis bajo la ley, sino bajo la gracia."

No Hay Base para el Divorcio y un Nuevo Matrimonio

Es mi firme convicción que no hay base para el divorcio y un nuevo matrimonio. Las siguientes son, en resumen, las razones por las cuales creo que esto es cierto:

Primera, el matrimonio fue instituido en el mismo comienzo de la historia de la raza humana, cuando el hombre estaba en un estado de inocencia. En tal punto, ninguna referencia fue hecha al divorcio.

Segunda, el profeta Malaquías (Mal. 2:14-16), el Señor Jesucristo (Mr. 10:3-9) y el apóstol Pablo (Ef. 5:31), enseñaron que el matrimonio es permanente, y no se deja alternativa alguna para la poligamia o para el divorcio y un nuevo casamiento.

Tercera, Moisés permitió el divorcio a los hombres de Israel, pero este permiso no fue hecho extensivo a la Iglesia. Cristo indicó la vigencia de este permiso para el divorcio sólo para los hombres judíos que no eran sus discípulos.

Cuarta, ningún permiso para el divorcio fue concedido por Jesús a sus discípulos ni por los apóstoles a la Iglesia.

Quinta, nótese cuidadosamente la expresión de Mateo 19:6: "Lo que Dios juntó, no lo separe el hombre"; y 1 Corintios 7:11: "Y si se separa, quédese sin casar, o reconcíliese con su marido; y que el marido no abandone a su mujer."

Sexta, el divorcio involucra la remoción del cuerpo de

uno de los cónyuges de la autoridad del otro, lo cual es prohibido en 1 Corintios 7:4, en donde se lee: "La mujer no tiene potestad sobre su propio cuerpo, sino el marido; ni tampoco tiene el marido potestad sobre su propio cuerpo, sino la mujer."

Séptima, el divorcio es inconsistente con el mandamiento de Efesios 5:25, de que el cristiano debe amar a su mujer en la misma manera que Cristo amó a la Iglesia.

Octava, el divorcio es inconsistente con el principio registrado en Efesios 5:28: "El que ama a su mujer, a sí mismo se ama."

Novena, el divorcio es inconsistente con la gracia de Dios que es aplicada a los creyentes. El adulterio es un pecado terrible, pero no es el pecado imperdonable a los ojos de Dios, ni tampoco debiera serlo a los ojos de los creyentes. Los creyentes deben ser imitadores de Dios en cuanto a perdonar (Ef. 4:32; 5:1).

Décima, la única manera de obtener un divorcio es por medio de una acción legal, y a los cristianos se les advierte que se abstengan de llevarse el uno al otro a la corte (1 Cor. 6:1).

❻

La Gracia de Dios *Versus* el Pecado del Hombre

Cuando se trata con el pecado adecuadamente, la gracia de Dios es más que suficiente. ''Mas cuando el pecado abundó, sobreabundó la gracia'' (Ro. 5:20).

El Matrimonio que Obliga

Supongamos que una persona se casó, se divorció y luego se volvió a casar. Luego llega a conocer la verdad de Dios en cuanto al divorcio o, si no era creyente cuando se casó, llega a confiar en Cristo como Salvador. ¿Debe dejar su cónyuge actual para vivir sola, o acaso reconciliarse con su primer cónyuge?

Creo que divorciarse del cónyuge presente sería solamente añadir otro pecado al ya cometido, y no resolvería nada de lo que ya está hecho incorrectamente. Parece que no hay ninguna instrucción directa con respecto a este asunto en las Escrituras, pero varios pasajes indican que tal persona debe permanecer casada con aquel cónyuge con el cual fue encontrada por el Señor.

Estos pasajes también indican que Dios les perdonará el pasado y considerará el presente lazo matrimonial como el que obliga. Debe recordarse, sin embargo, que los creyentes que conocen la verdad y piensan que de todas maneras pueden pecar contra Dios, tendrán que responder al Señor por su pecado de obstinación.

En 1 Corintios 7:20-24 leemos que una persona debe permanecer en el estado de vida en que fue hallada por el Señor. Esto se aplica primeramente, por supuesto, a un matrimonio mixto, según se lo ha definido anteriormente. En el versículo 20 el asunto se señala con las siguientes palabras: "Cada uno en el estado en que fue llamado, en él se quede." Luego se mencionan algunas ilustraciones: "¿Fuiste llamado siendo esclavo? No te dé cuidado; pero también, si puedes hacerte libre, procúralo más. Porque el que en el Señor fue llamado siendo esclavo, liberto es del Señor; asimismo el que fue llamado siendo libre, esclavo es de Cristo" (vs. 21,22). Luego el versículo 24 afirma: "Cada uno, hermanos, en el estado en que fue llamado, así permanezca para con Dios." Yo creo que esto resume el asunto completamente.

El apóstol advirtió que el creyente no debe entrar en un matrimonio mixto. Por otro lado, si ya está metido en tal matrimonio, no debe usar tal situación como base para el divorcio. El creyente debe tratar de preservar ese matrimonio en toda manera posible. Bajo la inspiración de Dios, Pablo utiliza el ejemplo de los sujetos a la circuncisión y a la esclavitud, para ilustrar este principio. Ambos asuntos eran de gran significación y preocupación en esos días. Pablo indicó que el hecho de ser cristiano no libraba a la persona de ciertas responsabilidades hacia la sociedad. Si la persona era circuncidada, no debía tratar de que tal distinción le fuera removida, y si no había sido circuncidada, no debía tratar de que lo circuncidaran. Si era esclavo, debía permanecer como siervo, a menos que le fuera ofrecida la libertad.

Este principio se aplica también al matrimonio y al divorcio. Si una persona, al ser salvada por Dios, se encontraba, como resultado de esa salvación, involucrada en un matrimonio mixto, o si había sido divorciada y vuelta a casar, entonces el matrimonio presente debía ser mantenido. Esto era verdad en el caso del creyente que había tropezado y también en el caso del incrédulo que luego llegó a conocer a Dios. Es evidente que Dios espera que todo el pasado sea colocado bajo la sangre de Cristo, y que El mismo considerará el matrimonio actual como legal y valedero. Debe entenderse, desde luego, que los pecados del pasado deben ser juzgados adecuadamente, y que puede haber, y es muy probable que sí las haya, ciertas consecuencias en la carne, resultado de los pecados cometidos (véase Gálatas 6:7).

Cuando ha habido un matrimonio, un divorcio y otro casamiento que ya ha sido consumado, la persona debe tratar con Dios respecto a su propia situación, basándose en las órdenes dadas para los matrimonios mixtos. Dios quiere que los hombres y las mujeres sean salvos y vivan por su misericordia y su gracia.

Confesión y Perdón

Cuando tratamos adecuadamente con esta clase de pecados, no hay necesidad de desesperarse. Hay remedio para ellos, y en Primera de Juan se lo señala: "La sangre de Jesucristo su Hijo nos limpia de todo pecado" (1 Jn. 1:7). También leemos: "Si confesamos nuestros pecados, él es fiel y justo para perdonar nuestros pecados, y limpiarnos de toda maldad" (1 Jn. 1:9).

David Enfrentó su Pecado

David es un ejemplo de lo que una persona puede hacer cuando se aleja de Dios, y de cuán misericordioso es Dios con la persona cuyo corazón se quebranta en su presencia. David era culpable de haber cometido adulterio; fue culpable de haber tomado la mujer de otro hombre aunque ya tenía su propia esposa. Entonces cometió un asesinato tratando de ocultar su adulterio (véase 2 Sam. 11,12). Dios estaba muy disgustado con lo que David había hecho, y dejó en claro que cosecharía lo que había sembrado.

La cosecha de David fue en tres aspectos. Primero, la espada nunca se apartaría de él y de su casa en todos los días de su vida (2 Sam. 12:10). El resto de su reinado fue caracterizado por la guerra. En segundo lugar, la desgracia llegó a su familia a través de la rebelión y la inmoralidad de Absalóm (2 Sam. 11; 16:21,22). El tercer resultado fue la muerte, por cuanto el hijo que le nació a David murió (2 Sam. 12:14,18).

Cuando el profeta Natán le encaró con su pecado, David confesó: "Pequé contra Jehová" (v. 13). Natán entonces replicó: "También Jehová ha remitido tu pecado; no morirás" (v. 13). Así se cumplió el principio señalado en 1 Juan 1:9, que si confesamos nuestros pecados, él es fiel y justo para perdonar nuestros pecados, y limpiarnos de toda maldad.

David tenía toda razón para esperar que Dios le hiciera morir súbitamente, o ser apedreado hasta la muerte, por cuanto tal era el castigo para el adulterio. Sin embargo, David confesó su pecado, y Dios quitó ese pecado y se lo perdonó. No obstante, las consecuencias de ese pecado no fueron eliminadas. David no murió, pero su hijo sí. Una persona cosecha lo que siembra, de una manera u otra. Y sin embargo, la misericordia de Dios fue más grande que su ira, por cuanto perdonó al pecador, David, cuando se arrepintió genuinamente.

La misericordia y la gracia de Dios fueron otorgadas a David en otra manera. Aunque el primer hijo de Betsabé murió, su segundo hijo, Salomón, llegó posteriormente a ser el rey. Dios perdonó a David, limpiándolo y haciendo a un lado las serias consecuencias del pecado, por cuanto David había confesado su maldad. Dios no tolera el pecado, pero perdona y restaura al pecador a una completa comunión con El, cuando el arrepentimiento del pecador es genuino. Cuando Dios perdona un pecado, lo perdona completamente.

En el Nuevo Testamento, la misericordia de Dios es ilustrada en el caso de la mujer tomada en adulterio (Jn. 8:1-11). La habían sorprendido en el mismo acto de pecado, y los fariseos la trajeron delante de Jesús. Pero nuestro Señor la perdonó. La envió de regreso a su hogar, ordenándole que no volviera a pecar.

El Profundo Arrepentimiento de David

Dios requiere que nosotros juzguemos nuestros propios pecados. Nótese el profundo y genuino arrepentimiento de corazón de David. David juzgó sus propios pecados delante de Dios cuando dijo: "Ten piedad de mí, oh Dios" (Sal. 51:1). No reclamó justicia, sino misericordia, al decir: "conforme a la multitud de tus piedades borra mis rebeliones. Lávame más y más de mi maldad, y límpiame de mi pecado" (Sal. 51:1,2).

David vio que su pecado era terrible y lo juzgó por sí mismo delante de Dios, y dijo: "Porque yo reconozco mis rebeliones, y mi pecado está siempre delante de mí" (v. 3). No es de asombrarse, entonces, que él deseara ser lavado y limpiado completamente.

En algunas ocasiones una mujer, cuando saca su ropa lavada de la máquina lavadora, la encuentra todavía sucia. Entonces la vuelve a lavar por segunda vez, y aun por tercera vez, hasta que quede perfectamente limpia. David expresaba ese deseo delante de Dios. Estaba apabullado por su terrible pecado y por eso dice, en efecto: "Tienes todo derecho de juzgarme. Tienes todo derecho de cobrármelo y hacerme morir. Pero reconozco mi pecado. Lávame y límpiame. En maldad fui formado y en pecado me concibió mi madre" (v. 1-5). No dijo estas cosas a modo de excusa. Esto era una demostración de real contrición de su parte. Dios desea que su pueblo tenga el corazón abierto, y suficiente honestidad y franqueza como para admitir sus pecados. No impresionamos a Dios cuando tratamos de disculparnos, acusando a las circunstancias o aun al diablo. Leemos en Proverbios 28:13: "El que encubre sus pecados no prosperará; mas el que los confiesa y se aparta alcanzará misericordia." Cuando estamos dispuestos a admitir nuestro pecado, Dios puede limpiarnos.

En el Salmo 51 David decía: "Purifícame con hisopo, y seré limpio; lávame, y seré más blanco que la nieve" (v. 7). El lavamiento interno por la sangre de Jesucristo, para salvación, y el lavamiento externo por la Palabra de Dios para compañerismo y comunión, son implicados conjuntamente en este versículo. Después de la confesión y el arrepentimiento, David buscó la restauración. Había estado fuera de la comunión con Dios, y no había podido ser usado por Dios, ni podría serlo mientras no fuera restaurado en su corazón.

David imploró a Dios que le restaurara el gozo de la salvación. Su lenguaje es muy gráfico: "Hazme oír gozo y alegría, y se recrearán los huesos que has abatido" (v. 8). No estaba satisfecho con sólo el perdón y el limpiamiento, sino que imploraba restauración también.

Su clamor era: "No me eches de delante de ti, y no quites de mí tu santo Espíritu" (v. 11). Tal era la súplica de un hombre que vivía en los tiempos del Antiguo Testamento, cuando el Espíritu de Dios podía ser quitado. En la presente edad de la Iglesia, el Espíritu Santo mora constantemente en el creyente. Sin embargo, cuando hay pecado en la vida del creyente, el Espíritu Santo no puede usarle hasta que no venga al Señor para que lo limpie. Si un creyente que ha pecado no confiesa ni pide limpiamiento, Dios tal vez estime necesario "archivarlo", o sea, dejarlo a un lado sin participación en ningún servicio efectivo. El resultado en tal caso será exactamente igual al que experimentaban los creyentes del Antiguo Testamento cuando el Espíritu se apartaba de ellos.

Cuando estemos dispuestos a orar que Dios no nos aparte de sí, y que nos restaure el gozo de la salvación, y que nos sostenga con Su Espíritu, Dios nos restaurará a la comunión con El. Una vez que el pecado ha sido debidamente juzgado y confesado, debemos aceptar su perdón y limpiamiento con acción de gracias.

Si nos hemos juzgado a nosotros mismos exhaustivamente delante de Dios, y le hemos confesado nuestros pecados, podemos reclamar su gracia y aceptar por fe su completo perdón. Dios nunca más usará tales pecados en contra nuestra. No debemos tomarlos a la ligera, pero no debemos rumiarlos tampoco. Satanás tratará de que los recordemos siempre. Nos acusará, esperando conseguir que creamos que Dios nunca más podrá volver a usarnos. Pero sus esfuerzos fracasarán si aceptamos libremente el perdón de Dios.

David indudablemente recordó su terrible pecado cada vez que regresó al terrado. Pero esto le serviría para mantenerlo humilde delante de Dios, a medida que reconocía cómo la gran misericordia de Dios había provisto perdón y restauración para él. Las Escrituras no indican que David haya continuado rumiando sus pecados ni el pasado olvidado. Aparentemente, en forma humilde y gozosa aceptó el perdón de Dios, y se regocijaba en la gracia continua de Dios.

David vio claramente lo que Dios quería. Como un pecador arrepentido dijo: "Porque no quieres sacrificio, que yo lo daría; no quieres holocausto. Los sacrificios de Dios son el espíritu quebrantado; al corazón contrito y humillado no despreciarás tú, oh Dios" (Sal. 51:16,17). Dios no despreció la humildad de David. Su siervo entraría en la historia como un hombre según el corazón de Dios (1 Sam. 13:14; Hch. 13:22). Esto no fue debido a que nunca hubiera pecado, sino a que, habiendo pecado, confesó su maldad delante de Dios y por fe aceptó las misericordias del Dios Omnipotente.

Una vez vino a verme un obrero cristiano, solicitando ayuda. Se había separado de su esposa y quería casarse con otra mujer. Me habló por varias horas, tratando de encontrar una salvedad que le excusaría para poder casarse con la otra mujer. Estaba muy engreído creyendo que Dios le disculparía ese pecado. En su caso, era algo trivial ante sus ojos.

Otro hombre hubo caído en el pecado, y vino a verme para hablar sobre ese asunto. Le tomó hora y media para contarme la historia, debido al quebrantamiento de su corazón delante de Dios. Este hombre salió caminando en la luz de la gracia de Dios. Cuando reconocemos nuestro pecado y clamamos su perdón por fe, seremos restaurados a la comunión con El.

Pero eso no es todo. Hay todavía otra verdad que David asienta en el Salmo 51: "Entonces enseñaré a los transgresores tus caminos, y los pecadores se convertirán a ti. Líbrame de homicidios, oh Dios, Dios de mi salvación; Cantará mi lengua tu justicia. Señor, abre mis labios, y publicará mi boca tu alabanza'' (vs. 13-15).

Si tú te hallas fuera de la comunión con Dios, déjame invitarte a que retornes a El ahora mismo. Lee y medita en el Salmo 51. Confiesa delante de Dios tu pecado y acepta luego su perdón, de acuerdo a 1 Juan 1:9. Asegúrate de agradecer a Dios por su abundante misericordia. Reclama la victoria por fe. Deja de lamentarte por el pasado. Regocíjate en su amor.

Advertencias

Las advertencias que se anotan a continuación son dadas para nuestro beneficio. La primera es hallada en Gálatas 5:13, y nos recuerda que la promesa de misericordia de Dios no es licencia para el pecado:

"Porque vosotros, hermanos, a libertad fuisteis llamados; solamente que no uséis la libertad como ocasión para la carne, sino servíos por amor los unos a los otros."

La segunda advertencia nos viene a través de la experiencia de David, y tiene que ver con el pecado de presunción. Tal pecado es debido a nuestro pensamiento de que, puesto que Dios es misericordioso y paciente, podemos seguir adelante con nuestro pecado. Tal vez quieras casarte con una persona divorciada, o quizá deseas divorciarte de tu esposo o esposa actual. David sabía las consecuencias de esta clase de pensamientos y deseos, y oraba de la siguiente manera: "Preserva también a tu siervo de las soberbias; que no se enseñoreen de mí; entonces seré íntegro, y estaré limpio de gran rebelión" (Sal. 19:13). Es una gran transgresión irse contra la voluntad de Dios que se conoce, y pecar en forma deliberada conociendo la verdad. Tiemblo por las personas que se ensoberbecen en la gracia de Dios en esta manera.

En Romanos 6:12-14 se nos exhorta claramente a no permitir que el pecado reine en nuestros cuerpos. Dios ha hecho amplia provisión para nosotros, de modo que no tenemos necesidad de ser esclavos del pecado. El salmista escribía: "Ordena mis pasos con tu palabra, y ninguna iniquidad se enseñoree de mí" (Sal. 119:113).

Cuando el creyente peca deliberada y continuamente, después de que tiene el conocimiento de la verdad, el juicio de Dios puede ser muy severo. "Dios no puede ser burlado, pues todo lo que el hombre sembrare, eso también segará" (Gá. 6:7).

❼

Restauración

A través de todo este estudio sobre el divorcio y el nuevo matrimonio, se ha hecho hincapié constantemente en que Dios es santo y en que el pecado debe ser juzgado apropiadamente. Esto despierta un interrogante: ¿Debe una persona que se ha divorciado, y vuelto a casar, ser aceptada en plena comunión, una vez que el pecado ha sido confesado a Dios?

Comunión

Las siguientes son algunas de las razones por las cuales creo que la persona que ha sido divorciada y se ha vuelto a casar, y luego confiesa su pecado a Dios, debe ser restaurada a la plena comunión con los demás creyentes.

En primer lugar, las Escrituras no comentan directamente este asunto en particular, pero hay varios pasajes que parecen indicar que tal persona debe ser aceptada de nuevo en la plena comunión con los creyentes, una vez que el pecado ha sido confesado a Dios, y a las personas contra las cuales se cometió tal pecado. Recuérdese que Dios no está buscando a quiénes puede excluir de Su comunión o dejarlos fuera del cielo; sino que, por el contrario, El está procurando traer a la gente a la comunión consigo mismo, y darles la seguridad de que ellos estarán en el cielo. Esto no debe ser considerado como licencia para pecar contra Dios, por cuanto Dios sí juzga al pecado; sino como que Dios es siempre misericordioso y restaura a la comunión a la persona que ha confesado su pecado (1 Jn. 1:9).

En segundo lugar, cuando una persona cree en el Señor Jesucristo como su personal Salvador, al confesar y arrepentirse, el perdón completo es otorgado a tal persona, es justificada de su culpa y es hecha una nueva criatura en Cristo (2 Cor. 5:17). El Señor Jesucristo dijo: "El que oye mi palabra, y cree al que me envió, tiene vida eterna; y no vendrá a condenación, mas ha pasado de muerte a vida" (Jn. 5:24).

Otras porciones en la Escritura también revelan que cuando una persona deposita su fe en Jesucristo, recibe perdón completo. "Y que de todo aquello de que por la ley de Moisés no pudisteis ser justificados, en él es justificado todo aquel que cree" (Hch. 13:39). "De modo que si alguno está en Cristo, nueva criatura es; las cosas viejas pasaron; he aquí todas son hechas nuevas" (2 Cor. 5:17). "Porque como la altura de los cielos sobre la tierra, engrandeció su misericordia sobre los que le temen. Cuanto está lejos el oriente del occidente, hizo alejar de nosotros nuestras rebeliones" (Sal. 103:11,12).

En el momento de la salvación, todo pecado cometido anteriormente es perdonado por Dios, y toda condenación es quitada. La comunión de una persona con otros creyentes, después de la salvación, no debe estar condicionada a lo que era su vida antes de su conversión. El apóstol Pablo nunca hubiera llegado a tener comunión con los creyentes si ésta hubiera dependido de sus acciones antes de su salvación. El había sido un asesino antes de convertirse. En el Antiguo Testamento, Rahab era una prostituta; pero cuando creyó en Dios, juntamente con toda su casa, fue perdonada; y más tarde fue honrada por Dios, al ser la tátarabuela del rey David.

Después de la salvación, cuando un creyente comete un pecado individual, puede ser restaurado a la comunión al confesar ese pecado particular a Dios. Cada creyente recibe la promesa de seguridad de que cuando confiesa sus pecados a Dios, recibe limpiamiento de toda maldad (1 Jn. 1:9). Esto incluye el pecado del divorcio y del nuevo casamiento.

En tercer lugar, aun cuando el pecado del divorcio y del nuevo matrimonio pudiera haber ocurrido después de la salvación, y mientras el creyente se encontraba fuera de la comunión con Dios, la Biblia indica que el creyente es restaurado a la comunión cuando confiesa su pecado.

El apóstol Pablo da instrucciones específicas con respecto a la relación de un creyente con su cónyuge inconverso. El matrimonio debe permanecer y subsistir. Esto se nota claramente en 1 Corintios 7:12-15, y también en los versículos 20 y 24. Dios está diciendo, en efecto, a través de la pluma inspirada de Pablo, que la comunidad de creyentes no debe romper un matrimonio formado en yugo desigual, sólo para mantener plena comunión con el cónyuge creyente. Si Dios recibe al creyente en comunión, nosotros también debemos hacer lo mismo.

Un yugo desigual puede ser el resultado del alejamiento de un creyente de la comunión con el Señor, y por eso se casó con un incrédulo; o también de que ambos cónyuges eran inconversos cuando se casaron, pero uno de ellos más tarde llegó a conocer a Jesucristo como Salvador. En cualquier caso, Pablo instruye al creyente a permanecer en el estado en que fue llamado, o sea, cuando llegó a ser sensible a la dirección de Dios en su vida. Divorciarse del creyente inconverso sólo crearía más problemas, y no sería una manera para que el creyente honrara a Dios.

Cuatro Serias Advertencias

Para concluir este estudio sobre el divorcio y el nuevo matrimonio, cuatro advertencias serias y específicas necesitan ser recalcadas con énfasis, y ampliadas.

Primera, dado que se ha puesto énfasis especial en la misericordia de Dios en nuestras vidas, debemos recordar que la promesa de misericordia de Dios nunca debe ser considerada como una licencia para pecar. Gálatas 5:13 dice: "Porque vosotros, hermanos, a libertad fuisteis llamados; solamente que no uséis la libertad como ocasión para la carne, sino servíos por amor los unos a los otros." El hecho de que Dios sea un Dios perdonador, y de que haya libertad en la vida cristiana, no significa que hay libertad para pecar. Al contrario, habiendo confiado en Cristo como Salvador, finalmente estamos en libertad del dominio del pecado, de manera que ahora podamos agradar a Dios.

No faltará quien se atreva a pensar que, puesto que la gracia de Dios es suficiente para cualquier pecado, debería entonces pecar más, para que la gracia de Dios sea más prominente. Pablo encaró este problema particular en Romanos 6, en donde escribe: "¿Qué, pues, diremos? ¿Perseveraremos en el pecado para que la gracia abunde?'' (Ro. 6:1). De inmediato procede a dar una respuesta contundente: ''En ninguna manera. Porque los que hemos muerto al pecado, ¿cómo viviremos aún en él?'' (v. 2).

En el versículo 15 Pablo asienta la misma verdad: ''¿Qué, pues? ¿Pecaremos, porque no estamos bajo la ley, sino bajo la gracia? En ninguna manera.'' Para reforzar su respuesta, Pablo pregunta a sus lectores: ''¿No sabéis que si os sometéis a alguien como esclavos para obedecerle, sois esclavos de aquel a quien obedecéis, sea del pecado para muerte, o sea de la obediencia para justicia?'' (v. 16).

Aplicando estas observaciones al problema del divorcio y del nuevo casamiento, es impensable para un creyente usar la misericordia de Dios, y su perdón, como excusa para divorciarse de su presente cónyuge y casarse con otra persona. De acuerdo a Romanos 6, tal manera de pensar indicaría que la persona nunca ha recibido realmente a Cristo como Salvador, y está todavía bajo el dominio del pecado.

Una segunda advertencia que necesita ser destacada con énfasis, tanto como la primera, proviene de la experiencia de David, tal como fue anotado brevemente en el capítulo anterior. Esta tiene que ver con el pecado de la soberbia o presunción. Se comete este pecado cuando se asume, o se da por sentado, que Dios perdonará todo pecado, debido a que El es misericordioso y paciente.

David fue disciplinado por el Señor, y por eso clamó ser librado del pecado de la soberbia (Sal. 19:13). Es un grave y terrible pecado actuar en contra de la voluntad de Dios que uno conoce, así como también cometer un pecado descansando únicamente en su gracia y misericordia para que nos sea perdonado.

No es desacostumbrado, hoy en día, para aquellos que se dicen cristianos, divorciarse y luego volverse a casar, mientras que al mismo tiempo planean confesar el asunto como un pecado, una vez que ya está hecho, y esperar luego recibir el perdón de Dios. Pero esto es ciertamente un pecado de soberbia y engreimiento, y es pavoroso pensar en lo que estas personas pueden tener que pasar, antes de que recobren su sentido espiritual.

En tercer lugar, es necesario acentuar la advertencia que se da a aquellos que continúan pecando después de haber conocido la verdad. Si tal persona ha recibido a Cristo como Salvador personal, es un creyente, y tiene la salvación asegurada, por cuanto ésta está basada en lo que Cristo hizo; no en lo que el individuo ha hecho. Sin embargo, la persona que es culpable de pecar deliberadamente, será juzgada aquí y ahora, y algunos hasta experimentarán la muerte física como resultado. En los días de la iglesia primitiva, Ananías y Safira mintieron descaradamente a Dios, y como resultado ambos murieron (Hch. 5:1-10).

La cuarta advertencia que necesita ser recalcada es respecto al futuro ministerio que puede ser ejercido por aquellos que se han divorciado y se han vuelto a casar. Por supuesto, se espera que ya han confesado su pecado y han sido restaurados a la plena comunión. Algunas personas piensan que, dado que el pecado ya fue confesado, la persona divorciada y vuelta a casar es libre de ostentar y desempeñar cualquier oficio o cargo en la iglesia local. Sin embargo, 1 Timoteo 3, un pasaje central en cuanto a las cualidades y atributos que deben reunir los líderes de la iglesia, indica que tanto el pastor como el diácono deben ser "marido de una sola mujer" (vs. 2,12). Esto indica, no solamente que no deben tener más de una mujer a un tiempo, sino también que no deben ser divorciados y vueltos a casar. Aun cuando muchos ministerios están abiertos para la persona que se ha divorciado y vuelto a casar, el capítulo señalado indica que el oficio de anciano o pastor, y el oficio de diácono, no pueden ser desempeñados por tal persona. En Tito 1:5,6 Pablo señala la misma cualidad como requerida de los ancianos: "Por esta causa te dejé en Creta, para que corrigieses lo deficiente, y establecieses ancianos en cada ciudad, así como yo te mandé; el que fuere irreprensible, marido de una sola mujer, y que tenga hijos creyentes que no estén acusados de disolución ni de rebeldía."

Es entendible que tal requisito sea exigido de aquellos que ocuparán el más alto lugar de liderazgo en la iglesia local, por cuanto ellos están llamados a ser ejemplo para la gente, y también a trabajar muy de cerca con las familias. Si no han sido capaces de mantener unida a su propia familia, es fuera de razón esperar que su consejo o admonición sea tomado en serio por parte de aquellos que necesitan ayuda en los problemas familiares.

Si las verdades explicadas en este libro se aplican a ti, estimado lector, entonces lee con oración y medita en el Salmo 51 y el 32. El Salmo 51 muestra cómo David aceptó el perdón de Dios, y el Salmo 32 expresa el gozo que sintió en la maravillosa misericordia de Dios.

LA FAMILIA AUTÉNTICAMENTE CRISTIANA
Prólogo de Emilio A. Núñez   Guillermo D. Taylor

Trata, entre otros asuntos, sobre el papel del hombre y la mujer en el hogar, la comunicación sexual en el matrimonio, la educación sexual de los hijos, las finanzas en el hogar y la planificación familiar. (2ª ed., 240 pp.)

LA FAMILIA Y SUS FINANZAS   Larry Burkett

Un estudio de las finanzas desde un punto de vista cristiano. (2ª ed., 160 pp.)

FORTALECIENDO EL MATRIMONIO:
¡Cómo conseguir la profunda unidad matrimonial!   Wayne Mack

Una riqueza de información práctica referente a los roles del matrimonio, tales como comunicación, finanzas, sexo, educación de los hijos y la vida cristiana en familia. (2ª ed., 176 pp.)

LA MUJER: Su misión, posición
y ministerio   Perry B. Fitzwater

Debido a que la mujer es el factor supremo en la formación del hogar, es de gran importancia que se conozca su verdadera posición. He aquí la respuesta. (8ª ed., 80 pp.)

¿YO? ¿OBEDECER A
MI MARIDO?   Elizabeth Rice Handford

¿Debe la esposa obedecer a su marido? ¿Aun cuando es inconverso? ¿Tiene que hacer toda clase de concesiones? ¿Qué ocurre si un esposo ordena expresamente algo explícitamente incorrecto? Estas y otras preguntas están contestadas en este libro. (3ª ed., 128 pp.)